NHK
100分 de 名著 books

歎異抄

Tannishō

Shaku Tesshu
釈 徹宗

NHK出版

はじめに――絶体絶命のときに浮き上がる言葉

『歎異抄《たんにしょう》』は、なぜ昔から多くの人々の心を惹《ひ》きつけてやまないのでしょうか。現在でも、書店には訳本や解説本、関連書籍が数多《あまた》ならび、人々の関心の深さを窺《うかが》い知ることができます。

今から七百三十年ほど前に書かれたこの書物は、浄土真宗《じょうどしんしゅう》の開祖である親鸞聖人《しんらんしょうにん》を直接知る唯円《ゆいえん》という人物の手によって、親鸞の語録とその解釈、さらに異端の説への批判を述べるものとしてまとめられました。小さな書物であり、原稿用紙にすれば三十枚程度の分量しかないと言われています。ですから、この一冊で親鸞思想や浄土真宗の教えのすべてが理解できるわけではありません。ましてや、ここから仏教を体系的に学ぶこともできません。それでも、たいへんな求心力を持つ書物として、時代を超えて現代に読み継がれているのです。

『歎異抄』の書名は、「異義を歎《なげ》く」というところから来ています。親鸞が亡くなった後に、師の教えとは異なる解釈（異義）が広まっていることを歎いた弟子の唯円が、親鸞の真意を伝えようと筆を執って完成させたのがこの書物です。よって、ここには師と同じ時代をともに生きた弟子にしか書けない、親鸞の生《なま》の声が息づいています。その点が、他の親鸞関係の書物とは違うところでしょう。私たちはこの書物を通し、人間らしい矛盾を抱えながらも浄土仏教の教えを極めていった親鸞の真の姿に触れ、そこに共感を覚えることとなるのです。

最初に、『歎異抄』について私が感じる魅力を二つあげておきます。一つめは、人の内実へとズバッと切り込む、切れ味鋭い金言《きんげん》や箴言《しんげん》にあふれている点です。二つめは、それまで人々が漠然と抱いていた宗教や仏教のイメージをひっくり返す力を持っている点です。私たちの常識を揺さぶるような逆説的な内容や思想がいくつも書かれています。

あとで詳しく見ますが、第三条に「善人なほもつて往生《おうじょう》をとぐ。いはんや悪人をや」（善人でさえ浄土に往生することができるのです。まして悪人は言うまでもありません）という有名な一文があります。簡潔にして力強い文章表現はアフォリズム（警句）としての力がありますが、それと同時に一種のパラドクスを感じます。すんなりと納得できない箇所をじっくりと読み、繰り返しその意味を問い直すなかで理解を深めていく——そうした性質を『歎異抄』は持っているのです。

この書物は、多くの近代知識人たちを魅了してきました。たとえば西田幾多郎[*1]は、第二次世界大戦の末期に「自分は『臨済録』と『歎異抄』さえあれば生きていける」と周囲に語ったそうです。ほかにも、司馬遼太郎[*2]や吉本隆明、[*3]遠藤周作、[*4]梅原猛[*5]など、『歎異抄』に惚れこんだ人は数知れません。

近代になり、日本の知識人たちはキリスト教文化圏からの哲学・思想に触れました。そこには、人は生まれながらに罪を背負っているという「原罪」の感覚が深く浸透しています。日本の思想や宗教には、あまりそうした性質のものはありませんが、親鸞だけは別でした。明治以降の思想家や哲学者たちは『歎異抄』に、近代知性ともがっぷり四つに組める罪業観が備わっていることを見出したのです。

もちろん知識人だけでなく、市井《しせい》の人も『歎異抄』を人生の指針としてきました。かくいう私もその一人で、最初に手に取ったのは大学一年生のときでした。もともと合理的な思考が性分でしたので、宗教を学びながらも一歩距離を置いていたのですが、そんな私を惹きつけたのが『歎異抄』でした。「宗教、侮《あなど》り難《がた》し」と実感したことは、いまでも鮮明に覚えています。

できれば、『歎異抄』は声に出して読んでもらいたいと思います。たとえ内容がよくわからなくても、声に出してみる。みんなで輪読会をするのもいいかもしれません。各条の文章は短いですし、漢文で書かれた序文以外は、さほど難しい文字や表現はありません。著者・唯円の文章力によるところも大きいと思います。

宗教の言葉というのは、本来は「語り」のなかにあります。また、その語りが身体化する性格を持っています。『聖書』や『クルアーン』にも同様のことが言えますが、繰り返し声に出して唱えるうちに、書かれたことが身体に蓄積されていきます。そうすると、生きていくなかで、たとえば絶体絶命のピンチに陥ったと感じる瞬間、宗教の言葉が浮上してきて私たちを助けてくれるのです。

私は今、認知症の方のグループホームを運営したり、発達障害や精神障害を抱える人と関わるＮＰＯを応援したりしています。そうした社会活動をしていると、『歎異抄』の言葉がしばしば耳元に響いてきます。「お前、自分がええことやってると思ったらあかんぞ」「自分の都合だけでやってるのとちがうか？」と、そのように囁《ささや》いてくれるので、逆に活動を続けていけるという実感があるのです。

現代を生きる私たちが自分の内面を掘り下げていくうえでも、『歎異抄』は新しい扉を開いてくれるはずです。本書において、その奥深さと魅力の一端を皆さんに伝えることができれば幸いです。

＊1　西田幾多郎

一八七〇～一九四五。哲学者。石川県生まれ。東大哲学科卒。旧制山口高校や四校の教授を経て、京大教授。東洋思想の絶対無を根底に、それを理論化して西洋哲学と融合する独自の「西田哲学」を樹立した。著作に『善の研究』「愚禿親鸞」など。

＊2　司馬遼太郎

一九二三～九六。小説家。大阪府生まれ。大阪外国語学校（現大阪大学外国語学部）蒙古語部卒。新聞記者を経て、歴史に材を採る小説家に転じ、『梟の城』で第四十二回直木賞受賞。後年は文明批評など幅広い言論活動を行った。著書に『空海の風景』『この国のかたち』など。

＊3　吉本隆明

一九二四～二〇一二。詩人・思想家。東京生まれ。東京工業大学卒。一九五二年、詩集『固有時との対話』を発行。後に、文芸評論活動を開始。文学・大衆文化・政治・宗教など、広範な領域で評論・思想活動を行った。著書に『共同幻想論』『最後の親鸞』など。

＊4　遠藤周作

一九二三～九六。小説家。東京生まれ。慶應義塾大学卒。在学中から評論活動を行い、フランス留学を経て、『白い人』で第三十三回芥川賞受賞。日本の精神風土とキリスト教との相克をテーマに多数の小説を発表した。著書に『沈黙』『親鸞』（共著）など。

＊5　梅原猛

一九二五～二〇一九。哲学者。宮城県生まれ。（四一ページ注参照）。

目次

※本書における『歎異抄』の引用と現代語訳は、『歎異抄（文庫版）現代語訳付き』（梯實圓解説、本願寺出版社、二〇一三年十二月二十七日 第十刷）によります。ただし、読みがなについては適宜省略しています。

親鸞略年譜

西暦	元号	年齢（※数え年）	
1173	承安3	1	京都郊外の日野（現・京都市伏見区）に生まれる
1181	養和元	9	慈円のもとで得度し、比叡山に入る
			延暦寺での二十年にわたる修行と修学
1201	建仁元	29	六角堂に参籠、聖徳太子の夢告により法然の門に入る
1205	元久2	33	法然に『選択本願念仏集』の書写を許される
1207	承元元	35	承元の法難。越後に流罪となり、以降「愚禿」を名乗る
1211	建暦元	39	赦免される
1212	建暦2	40	この頃、関東に向かう
1214	建保2	42	この頃、常陸国稲田（現・茨城県笠間市）の草庵に移る

西暦	元号	年齢（※数え年）	
1224	元仁元	52	主著『教行信証』の草稿が完成
1235	嘉禎元	63	この頃、京都へ戻り、執筆に取り組む
1248	宝治2	76	『浄土和讃』『高僧和讃』成る
1256	康元元	84	長男・善鸞を義絶する
1262	弘長2	90	入滅

第1章――人間の影を見つめて

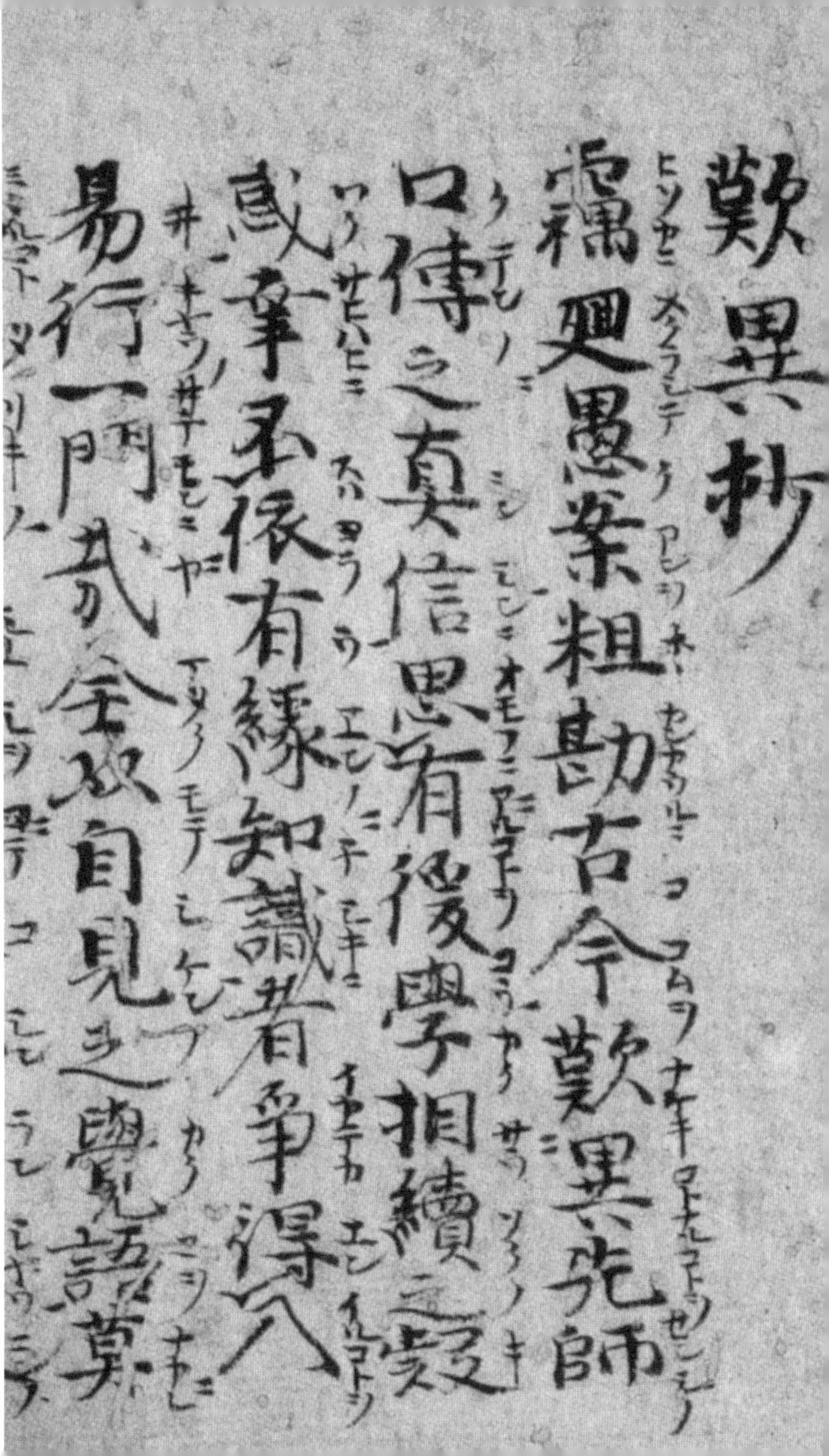
歎異抄
竊回愚案粗勘古今歎異先師
口傳之真信思有後學相續之疑
惑幸不依有縁知識者爭得入
易行一門哉全以自見之覺語莫

『歎異抄』の謎

『歎異抄』は、親鸞の没後二十数年が過ぎた正応《しょうおう》元年（一二八八）ころに成立した書物と言われています。著者については諸説ありましたが、現在では唯円とすることが定説となりました。著者がはっきりしない理由は、『歎異抄』の原本が存在せず、いくつか遺された写本のいずれにも著者名が記されていないためです。そもそも原本にも著者名はなかったのではないかと考えられています。

古くに著者と目されていたのは、親鸞の曽孫《ひまご》にあたる覚如《かくにょ》*1です。覚如の『口伝鈔《くでんしょう》』や『改邪鈔《がいじゃしょう》』*2に、『歎異抄』と同じ逸話が登場するというのがその根拠でしたが、江戸時代に香月院深励《こうがついんじんれい》*3という学僧が「『歎異抄』は親鸞と直接話した人でなければ書けない。覚如は親鸞没後に生まれているので著者ではない」と合理的な論証をして、この説を退けました。

『歎異抄』の序には、「耳の底に留むるところ、いささかこれを注す《しる》（所留耳底聊注之）」とあります。つまり、実際に親鸞の話すのを聞いた、という意味です。そこで、深励は如信《にょしん》*4説を立てました。如信は親鸞の孫で、親鸞と直接の関係があります。また覚如は如信に教えを受けたので、その著作に同じ逸話が登場するのも不思議ではないというわけです。

しかしその後、深励の弟子である妙音院了祥《みようおんいんりようしよう》*5が、第九条と第十三条に出てくる唯円に注目し、この人物を著者と考えるのが妥当である、と主張しました。江戸時代も後半になると学問的な方法論が確立していたことがわかります。常陸国（現・茨城県）河和田の唯円*6が著者であるとの結論をもって、議論は落ち着きました。

ちなみに近代に入り、ほかに同国鳥喰《とりはみ》の唯円もいたとの研究が進みますが、この人物はさほど伝承や記述が残ってはおらず、対して河和田の唯円は非常に才能があり、話も上手で、立派な人物だと伝えられていることから、『歎異抄』の著者は河和田の唯円に間違いないということで、定説は覆っていません（河和田と鳥喰の唯円は同一人物だとする説もあります）。

原本が現存しませんので、いくつかの写本に見られる相違は、いまなお研究の対象です。現段階で最古とされる写本は、西本願寺が所蔵する蓮如《れんによ》*7の手によるもので、その第七条には「念仏者は無礙《むげ》の一道《いちどう》なり」と書かれています。しかし、それでは文法的に主語と述語が合わないとして、「念仏者は」の「は」は「者」に添えた読みがなであるとする研究者もいて、原本がないため起こる論点もいくつかあります。

蓮如本以外にも、永正《えいしよう》十三年（一五一六）に写された専精寺《せんしようじ》本、同十六年の永正本

（端ノ坊本）、室町後期に写された豪摂寺《ごうしょうじ》本、光徳寺《こうとくじ》本などがあり、専精寺本には巻末に「流罪記録」[*8]が記載されていません。

大きな謎はもう一つあります。後序に「大切の証文ども、少々ぬきいでまゐらせ候《そうろ》うて」（大切な証拠の文となる親鸞聖人のお言葉を、少しではありますが抜き出して）という一文があるのですが、この「証文」とは何を指すのかという疑問です。これについては、第4章で私の意見も含めて紹介したいと思います。

信心のない者には読ませるな

『歎異抄』（蓮如本）の構成は、まず序が置かれ、第一条から第十条まで進みます。つづいて、第十条に付随した文章と考えるか、あるいは独立したものと考えるか見解の分かれる中序を挟み、第十一条から第十八条へ。そして後序と流罪記録が付され、最後に蓮如の奥書が置かれます。

前半の第一条から第十条が、親鸞の教えや語録をまとめた「語録（師訓）篇」で、後半の第十一条から第十八条が、『歎異抄』の本体ともいえる「歎異（異義）篇」――すなわち、親鸞の教えを自分勝手に解釈する向きを歎き、正しい理解を説く、唯円の「解釈」となります。

■『歎異抄』の構成

- **序**　『歎異抄』執筆の理由
- 第一条
- 第二条
- 第三条
- 第四条
- 第五条
- 第六条
- 第七条
- 第八条
- 第九条
- 第十条

（第一条～第十条）**前半**「親鸞語録（師訓）篇」

- **中序**　「異を歎く」の趣旨
- 第十一条
- 第十二条
- 第十三条
- 第十四条
- 第十五条
- 第十六条
- 第十七条
- 第十八条

（第十一条～第十八条）**後半**「歎異（異義）篇」

- **後序**　おわりに（筆者の思い）
- 流罪記録　**付録**（「承元の法難」による流罪の記録）

この度、読み直して改めて感心したのは、章立ての巧さです。名文である第一条から始まり、第二条にドラマティックな展開を置き、第九条と第十三条で親鸞との会話を再現する。各条の長短のバランスも、前後半に分かれた構成も、とても素晴らしいものです。親鸞自身の書物には見られない、より人々の胸を打つ文章表現がなされていて、唯円の構成力・文章力の高さを感じさせます。

執筆当時の事情として、阿弥陀仏に救いを求めながらも、善い行いをして功徳を積む（自力《じりき》）という考えが各地に広がっていたようです。しかし、浄土仏教の思想の根幹は、阿弥陀の本願（他《た》力《りき》）によって救われるというものです。せっかく親鸞の教えに出会いながら、自分勝手に教えを歪め、ときにそれを広めている人たちがいるのはなんとも悲しい事態である――。唯円は、そうした誤った認識を一つひとつ正していく、いわば親鸞の教えにかかわる正しい手引書のようなものとして『歎異抄』を書き記したのです。

蓮如本の奥書で、蓮如は「無宿善《むしゆくぜん》の機においては、左右《さう》なく、これを許すべからざるものなり」（仏の教えを聞く機縁が熟していないものには、安易にこの書を見せてはならない）と注意喚起をしています。他力の教えをしっかりと聞いていない者が、ただやみくもに読むのは危険である、と言いたかったのでしょう。蓮如は賢明な人物でしたから、異義を正すために書かれた『歎異抄』が、逆に別の異義（勝手な解釈）を生むことを懸念したのです。この点については、今、『歎異抄』を読む私たちもぜひ留意しなければなりません。

親鸞とその思想

『歎異抄』を読み解く前に、親鸞の人物像について簡単にご紹介します。

親鸞は、承安《じようあん》三年（一一七三）に下級貴族・日野有範《ありのり》の長男として京都に生まれました。両親とは幼少期に死別したと伝えられてきましたが、最近の研究では父は後年まで生存したとされています。九歳で仏門に入り、比叡山[*9]で二十年間の修行を続けます。建仁《けんにん》元年（一二〇一）、二十九歳の親鸞は比叡山から京都の六角堂[*10]まで、百日間の参籠をします。そして夢告《むこく》[*11]を受けて、法然《ほうねん》[*12]の門下に入るのです。

承元《じようげん》元年（一二〇七）、いわゆる「承元の法難[*13]」に遭って越後の国府（現・新潟県上越市）へ流されます。その四年後に放免されるものの京都には戻らず、常陸国を中心に教化活動に専念。主著『顕浄土真実教行証文類《けんじょうどしんじつきょうぎょうしょうもんるい》（教行信証）』*14の草稿をほぼ完成させたのもこの地です。しかし六十歳を過ぎて、親鸞は長きにわたり親しんだ常陸の地を離れて帰洛します。

八十四歳で息子の善鸞《ぜんらん》*15を義絶したことも、その生涯を語るうえで欠かせない逸話です。京都に帰った後の関東で、法然の教えとは異なる勝手な解釈が広まっていることを歎いた親鸞は、かの地に息子を送りました。ところがその地で善鸞は人々の歓心を買うためか、勝手な自説を展開したようです。それを知った親鸞は善鸞と親子の縁を切ったのです。その後も旺盛に著述活動を行った親鸞でしたが、弘長《こうちょう》二年（一二六二）、九十歳でこの世を去ります。

親鸞が仏教の道を歩んだ平安末期から鎌倉時代にかけては、日本の社会構造が大きく変化した時代でした。貴族による摂関政治から武家社会へと転じ、経済事情も法律も変わっていきます。なおかつ、大火や震災、飢饉《ききん》などの天変地異に人々が苦しんだ時代でもありました。そうした状況を反映して流布したのが、「末法思想」*16です。釈迦の入滅後、一定期間が過ぎると仏教の力が衰えるとして、すでに末法の時代という最終段階

（形骸化した教えになってしまう時代）にあると考えられていました。

そうした社会状況を背景に、法然が説いた平易な念仏の道筋はあらゆる階層の人々のあいだに広まっていきます。法然の教えはシンプルで、「阿弥陀仏の本願によって誰でも浄土に往生できる。厳しい修行などできない凡人は仏の名を称えよ（称名念仏《しょうみょうねんぶつ》）」というものでした。誰もが実践できる「易行《いぎょう》」＊17であることが大きなポイントです。

しかも、法然はずば抜けて論理的で頭の明晰《めいせき》な高僧でしたので、称名念仏までのプロセスをわかりやすくフローチャート化してみせたのです（三選《さんせん》の文《もん》＊18）。商売人でも、家族持ちでも、在家でも、どんな生活の形態をとっていても救われるのだという法然の教えは、それまで人々が感じていた不安の呪縛を解き、精神的な解放をもたらします。こうして浄土仏教は、非力な、弱者のための宗教として広く受容されることになりました。

一方の親鸞は、法然という師に出遇わなければ、大きな花を咲かせることはなかったような人です。なにせ二十年間も比叡山で修行しながら、まだ悩み続けていた人ですから。法然と親鸞の思想の比較としては、一般的には、法然は「念仏重視」、親鸞は「信心重視」と言われます。もちろん親鸞が念仏を軽視していたという意味ではなく、一つのものの表裏と考えてください。親鸞は、法然の教えを受けて家庭を持って暮らしました。そして、家庭を持ったがゆえの苦悩にもさらされました。世俗にまみれ、泥中を這うような生活のなかから、のちの浄土真宗の礎《いしずえ》となるものを立ちあげていくのです。

「往生をばとぐるなりと信じて念仏申さん」

では、いよいよ『歎異抄』の中身を見ていきましょう。各条の核心となる部分を抜粋してご説明していきます。まず序の重要なポイントはここです。

まったく自見《じけん》の覚語《かくご》をもつて、他力《たりき》の宗旨《しゅうし》を乱《みだ》ることなかれ。
（自分勝手な考えにとらわれて、本願他力の教えのかなめを思い誤ることがあってはなりません。）

「他力」は重要なキーワードです。先ほど「易行」という言葉を紹介しましたが、「易行＝他力の仏道」と考えてください。対になるのは、「難行＝自力の仏道」です。仏道を「易行」と「難行」に分けたのは、「第二の釈迦」とも呼ばれたインドの龍樹《りゅうじゅ》（ナーガールジュナ）*19です。そして、「他力」と「自力」に分けたのが、中国の高僧である曇鸞《どんらん》*20です。本来、仏教のメインストリームは「難行＝修行して悟りを開く」であり、出家して厳しい修行を積んで悟りを開くべし、と考えられていました。最初期の仏典に「易行」が出てこないわけではありませんが、主役の「難行」に対して脇役でしかありませんでした。その主役と脇役の関係をひっくり返したのが法然です。

宗教を「つながり型」「悟り型」「救い型」の三タイプに分けてみましょう。神道などは、つながり型宗教でしょう。厳密な教義よりも共同体をつなぐところに重心がありま す。ユダヤ教も、ユダヤ民族をつなぐ役割を果たしていますね。つながり型の面を持っています。

悟り型というのは仏教に代表されるような、自分自身の心と体をトレーニングして別の人格へ生まれ変わるところに主眼を持ったタイプの宗教です。救い型は、キリスト教などのように、神や超越的存在が救ってくれるという宗教です。

この分類を敷衍《ふえん》しますと、法然は、本来は悟り型の宗教である仏教を救い型の宗教に読み換えたと言えそうです。仏教の再構築です。それだけに誤解も生みやすい。だから、『歎異抄』の序には「他力の宗旨を乱ることなかれ」という注意書きが付されているのです。

次に第一条の冒頭を見ましょう。

弥陀《みだ》の誓願《せいがん》不思議にたすけられまゐらせて、往生《おうじょう》をばとぐるなりと信じて念仏申さんとおもひたつこころのおこるとき、すなはち摂取不捨《せっしゅふしゃ》の利益《りやく》にあづけしめたまふなり。

（阿弥陀仏の誓願の不可思議なはたらきにお救いいただいて、必ず浄土に往生するのであると信じて、念仏を称えようという思いがおこるとき、ただちに阿弥陀仏は、その光明の中に摂《おさ》め取って決して捨てないという利益をお与えくださるのです。）

阿弥陀仏の「誓願」、つまり願いや誓いとは、すべての人々を救いたいというものです。詳しくは『無量寿経《むりょうじゅきょう》』*21という経典にありますが、阿弥陀仏の四十八の願いのうち、最も重要なのが十八番目の「浄土に生まれたいと願って念仏する人をすべて救います」という誓い*22です。その願いの力によって、すべての人々が浄土に生まれることができるのです。

しかも『歎異抄』では、念仏を称えようという心が起こった時点で、もう救われるのだとありますから、いかに唯円が内面を重視していたかがわかります。「こんこんと煩悩《ぼんのう》が湧きあがる人でも大丈夫。仏様の願いにわが身をお任せすれば救われるのです」

と第一条で確認しているわけです。この条は『歎異抄』全体の性格をコンパクトに言い表すものとなっています。

第二条は、ドラマ仕立てになっています。常陸国から京都に戻った親鸞のもとへ、わからないところを教えてもらおうと関東から命がけで訪ねてきた弟子たちがいました。親鸞は彼らに対してこう言います。

親鸞におきては、ただ念仏して、弥陀にたすけられまゐらすべしと、よきひと（法然）の仰せをかぶりて、信ずるほかに別の子細《しさい》なきなり。

（この親鸞においては、「ただ念仏して、阿弥陀仏に救われ往生させていただくのである」という法然上人のお言葉をいただき、それを信じているだけで、他に何かがあるわけではありません。）

念仏のほかに、往生の道に関して何か秘密を隠してないかと言われても、「That's all」、それですべてだと言って、にべもありません。かなりリアルな場面だという印象を受けます。実際に親鸞はこういうことを言う人だったのでしょう。直接、親鸞と接していた人でないと、この描写はできないように思います。

わざわざ命がけで京都まで来た人への対応としては、ちょっと冷たく、そっけない気がするかもしれません。しかし親鸞は、仏法に関しては非常に厳しいところがありました。先に触れたように、とても仲のよかった息子（善鸞）でも、誤った見解を広めたというので勘当《かんどう》した人です。「他力念仏の教え」の本線部分は譲りません。第二条はそんな親鸞の厳しい一面を読み取ることができます。

ただその一方で、親鸞は人間の心の機微がよくわかった人でもありました。遺された手紙などを読むと、仲間と一緒に泣くような面があったこともわかります。さて、もう一文引用しましょう。

いづれの行《ぎょう》もおよびがたき身なれば、とても地獄は一定《いちじょう》すみかぞかし。

（どのような行も満足に修めることのできないわたしには、どうしても地獄以外に住み家はないからです。）

もし自力で修行をして悟りを開ける人が、法然の言うことを聞き、他力の仏道を歩んで地獄に行ったなら、だまされたと思うかもしれない。でも自分（親鸞）は他力しかないし、どんな行も満足にできないのだから、もし法然の教えが嘘で地獄に行ったとしてもそれでいい。「そもそも自分は地獄しか行くところがない身なのだ」と言うのです。梅原猛[*23]は若いころに、この「とても地獄は一定すみかぞかし」という一文に感銘を受け、生きていく力が湧いた、と述べています。きっと絶体絶命のピンチに直面したのでしょうね。ともあれ、親鸞は、地獄行きの覚悟で仏道を歩んでいると語り、その一方で仏の救いを確信するという、とても稀有な人なのです。

「この慈悲始終なし」

さて、順番に行くと当然に第三条となりますが、この条は第2章の中心テーマになるので、ここでは第四条へと進みます。

第四条冒頭の「慈悲に聖道《しょうどう》・浄土[*24]のかはりめあり」（慈悲について、聖道門と浄土門とでは違いがあります）というのは、親鸞独自のものだと思われます。

仏教は智慧《ちえ》と慈悲の獲得・実践を目指す宗教です。仏教の悟りの内実は、智慧と慈悲です。世界中にいかに多くの宗派があろうとも、すべての仏教は智慧と慈悲の完成を目指しています。その慈悲に、聖道の慈悲と浄土の慈悲があるというのですね。

『歎異抄』によると、聖道の慈悲とは、現代の言葉でいう人間愛やヒューマニズムにあたり、「すべてのものを憐れみ、愛おしみ、育むこと」を意味します。しかし「それは不完全なものではないのか」と親鸞は問うのです。なぜなら、いずれも自分の都合によって歪んだ愛情だからです。それでは真に他者を救うことなどできない。だから、浄土へ往生して、仏と成って、人々を救うことを目指す。それが浄土門の慈悲だとしています。

今生《こんじよう》に、いかにいとほし不便《ふびん》とおもふとも、存知《ぞんじ》のごとくたすけがたければ、この慈悲始終《しじゆう》なし。

（この世に生きている間は、どれほどかわいそうだ、気の毒だと思っても、思いのままに救うことはできないのだから、このような慈悲は完全なものではありません。）

親鸞は世間で善い行いとされる社会奉仕などを否定していたわけではないと思います。しかし、仏道という点から言うならば、「それは不完全なものと認識せよ」と言っているのです。「雑毒《ぞうどく》の善」*25という言葉がありますが、自分の都合が入った善であるという意識なしに、つい善いことをしている気分になって満足するなというのです。

私は、「この慈悲始終なし」という一節にグッと来ます。まさに『歎異抄』の語りに揺さぶられるのです。「はじめに」でも少し触れましたが、私は日ごろ、社会活動もしています。こうした活動には、純粋な思いだけではどうにもならないことがたくさんあります。真面目に関われば関わるほど、できないことがわかって落胆もします。また、その一方で、かなりいい活動をしている気分になることも……。しかし、そんなとき、「自分が立派なことをしている気になっているのじゃないか?」「よくよく考えると、自分の都合を振り回しているだろう?」と、第四条が囁いてくるのです。これはとてもありがたいことです。逆に力をいただきます。

自分は正しい、と思った瞬間に見えなくなるものがあります。そして次第に偏っていくのが私たちなのです。慈悲の活動を目指しても、いつの間にか偏ってしまう。自分の都合を振り回してしまう。その自覚をもって活動し続ける。そして、究極の慈悲である「仏と成って人々を救う」を目指すのです。

作家の高《コ》史《サ》明《ミヨン》＊26は、この条に救われたそうです。息子さんが自死された日、その遺体に添い寝をして浮かんだのが、第四条の「この慈悲始終なし」という文言だったと聞きました。何にも代えがたい愛おしい相手であると考えていても、自分の愛には限界があったことを自覚されたのではないでしょうか。これも『歎異抄』の語りの力ですね。現世を超える善、あるいは救いというものを、こうして表現できるのは、宗教ならではの視点だと思います。

「親鸞は弟子一人ももたず候ふ」

つづく第五条もまた、一般的な認識が揺さぶられる一文となっています。

親鸞は父母《ぶも》の孝養《きょうよう》のためとて、一返《いっぺん》にても念仏申したること、いまだ候《そうら》はず。

（親鸞は亡き父母の追善供養のために念仏したことは、かつて一度もありません。）

皆さんは、仏事を営むのは亡くなった人の追善供養のためと思っているのではないでしょうか。しかし親鸞は、そのために念仏したことはないと言います。ちょっと驚きですよね。その理由の一つは、すべての生命はつながっているというものです。行基《ぎょうき》*27の歌に、「山鳥のほろほろと鳴く声聞けば父かとぞ思ふ母かとぞ思ふ*28」（『玉葉和歌集』）というものがありますが、これは仏教の生命観に基づいています。鳥も虫も動物もすべてはつながっているから、自分の父や母にだけ向けた念仏はしない、というものです。仏教の教えに生きた宮沢賢治*29が、最愛の妹・トシが病死した翌年（一九二三）に「青森挽歌」（『春と修羅*30』）という長い詩を書いています。ここにはトシを失った苦悩と悲嘆がどれほど深いものかが綴られており、読んでいて胸が痛くなります。この詩の終わりに賢治は「みんなむかしからのきやうだいなのだから／けつしてひとりをいのつてはいけない」「あいつがなくなつてからあとのよるひる／わたくしはただの一どたりと／あいつだけがいいとこに行けばいいと／さういのりはしなかつたとおもひます」と書いています。これなどは第五条の影響だったかもしれません。

そしてもう一つの理由が、念仏は自分の力、自分が積んでいる功徳ではないというものです。仏様の導きで称えさせていただいている、それが他力の念仏なのです。

親鸞も師である法然の法事を勤めていました。きっとその法事の場は、先に往《い》った法然が仏と成って導いてくださったものだと実感していたことでしょう。つまり、先に往った人をご縁として、ことあるごとに集い、仏事・法事を営む。そして仏法と出会う。そういう理路で仏事や法事を勤修《ごんじゅ》するのです。独特ですよねえ。

今日でも浄土真宗では、「しょっちゅう法事を勤めて仏法を聴聞《ちょうもん》するのが理想だけど、なかなかそうもできないので、せめて伝統的な習慣である三回忌や七回忌など、三と七がつくときだけでも勤修しよう」といった考え方があります。

さて第五条には、「まづ有縁《うえん》を度《ど》すべきなり」とも述べられています。これは、浄土に往生して悟りを開いたなら、まず縁のある家族や縁者や仲間から救っていけばよいという意味です。仏になるので最終的にはすべての人を救うのですが、まずは縁のある人からでよいのですね。

改めて考えてみますと、仏教は壮大な生命のストーリーを私たちに提示してくれます。息を引き取った瞬間にその人が終わるわけではなく、浄土に往生する。死をも超えて続く道を歩み始めるのです。そして仏となってこの世に戻り、まずは縁ある人から救い、ついにはすべての人々を救うのだ——と。この大きな物語に心身を委ねることができるかどうかが、信の問題となります。

第六条では、冒頭のくだりを押さえておきましょう。

専修《せんじゅ》念仏のともがらの、わが弟子、ひとの弟子といふ相論《そうろん》の候《そうろ》ふらんこと、もつてのほかの子細なり。親鸞は弟子一人《いちにん》ももたず候ふ。

（同じ念仏の道を歩む人々の中で、自分の弟子だ、他の人の弟子だといういい争いがあるようですが、それはもってのほかのことです。

この親鸞は、一人の弟子も持っていません。）

　そもそも念仏とは、仏を念ずる修行です。仏を念じて、仏を目の当たりにし（観仏）、最終的には身も心も仏と一体となる三昧《さんまい》を目指します。大乗仏教*31の大事な修行の一つです。同じような用語に憶念《おくねん》があります。こちらも仏を心に強く念じるという意味です。こうした修行は非常に厳しく、できない人もたくさんいます。そこで、せめて口に仏の名前だけでも称えよというのが「称名」という念仏です。この称名こそが仏の願いにかなう念仏であるとして、従来の仏教の考えを転換したのが法然です。転換した理由は、誰にもできる易行だから、というものです。そしてそれこそが阿弥陀仏の願いに相応するのだと言うのです。

　法然は、称名念仏ただ一つを選び取る道、すなわち「専修念仏」の道を切り開きます。『選択本願念仏集《せんじゃくほんがんねんぶつしゅう》』*32終盤にある「三選の文」には、それが明確に示されています。この条では、法然の教えに従って専修念仏の道を共に歩む人たちにおいては、私の弟子とか、人の弟子と言うことは「もつてのほか」だと諫《いさ》めています。この厳しい表現に、唯円の力の入り具合も感じることができるでしょう。

　さらに「親鸞は弟子一人ももたず候ふ」との言葉にはしびれます。自分の能力によって人を導いているなら弟子と言えるけれども、そうではない。私も仏様にお任せする道を歩んでいるし、皆さんも同じでしょう、というわけです。第二条でもそうでしたが、ここを間違えると本質を損なってしまうという事柄に関して、親鸞は譲らないところがあります。

親鸞は、仏様の目から見れば、能力のある人も愚かな人も、みんな同じ生命のはたらきに見えるはずだと考えたのでしょう。そこに優劣はないのです。同じような問題が「後序」にも出てきますが、それは第4章で見ることにしましょう。

そう言えば、キリスト教のプロテスタント*33も似たところがありますね。カトリック*34における教会の権威やピラミッド型の組織構造に抗議したのがプロテスタントたちです。聖書を通じて、一人ひとりが直接に神へとつながる教えです。ですから、近代個人主義はプロテスタントから生まれるのです。

余談ですが、初めて日本にキリスト教が持ち込まれた時点ですでに、ある宣教師はプロテスタントと浄土真宗の類似点に気づき、「こんな東の端の国にもプロテスタントに近い宗教がある」と本国に手紙を書き送ったりしています。たとえばヴァリニャーノ*35は『日本巡察記』のなかで、「これはまさしくルーテルの説と同じである」と述べています。「ルーテル」とは、マルティン・ルターのことです。浄土真宗のお坊さんは、普通に家庭生活を営みます。みんなが集まる念仏の道場のお世話係といった性格を持ちます。プロテスタントの牧師さんも同じような性格を持っていますね。一方でカトリックの神父さんは聖職者であり、生涯独身です。

自分の影を凝視し続ける

ここまでで、『歎異抄』の基本的なトーンはつかんでいただけたのではないかと思います。親鸞の厳しさと独特のパーソナリティの一端にも触れることができました。

仏教とはそもそも、知と信が一体です。これが相反するものだと捉える宗教もあります。たとえばキリスト教には、知性や理性は信仰の邪魔者であるという考え方もありますし、「不合理ゆえにわれ信ず」*36という言葉もあります。しかし、インド文化圏では、哲学や思想は信仰と共にあります。信仰のために、あくなき知的探求があり、知性は信仰に裏付けられています。仏教も似たところがあり、自分自身で教えを理解し、納得し、実践することが目指されます。「聞思修《もんししゅう》」*37です。

その一方では、法然などには知と信の緊張関係があります。法然はしばしば「愚者になりて往生するのだ」と語っていたそうです。これは救い型宗教へと転換していった帰結なのかもしれません。

そして親鸞は、自分自身の知も信も、不完全なものでしかないという立場に立脚します。なぜなら、こんこんと湧き出る「自分の都合」に彩られているからです。と同時に、だからこそ、阿弥陀仏の救いのめあてとなる。自分の影の部分が見えるのは、救いの光に当たっているからなのです。光に当たるから、くっきりと影が見える。親鸞はこの影を生涯ごまかさず、ずっと向き合い続けた人なのです。

＊1　覚如

一二七〇～一三五一。親鸞の曽孫。本願寺第三世。如信・唯円に学ぶ。親鸞の墓所（大谷廟堂）を本願寺として創建、親鸞を第一世に置く教団体制の礎を築く。

＊2　『口伝鈔』『改邪鈔』

『口伝鈔』は、血脈相承を強調することで真宗教団中での本願寺教団の正統性を理論づけた書。『改邪鈔』は、真宗系他教団で当時流行していた異端邪説を糾弾した書。

＊3　香月院深励

一七四九～一八一七。江戸中・後期の東本願寺の学僧。著『歎異鈔講林記』で如信＝作者説を唱えた。

＊4　如信

一二三五～一三〇〇。親鸞の孫。幼少年期は祖父・親鸞に親炙。二十代半ばで東国に下り、晩年まで陸奥国で布教にあたる。覚如により本願寺第二世とされた。

＊5　妙音院了祥

一七八八～一八四二。江戸後期の学僧。『歎異鈔聞記』で作者を唯円とし、また全体を「師訓篇」（前半十条）と「異義篇」（後の八条）に分け、各条の内容を要約した句を付した（例：第十一条の異義は「誓名別信」）。

＊6　唯円

一二二二～八九。親鸞の常陸時代の直弟子で、河和田村（現・茨城県水戸市）報仏寺の開基。親鸞没後の教団内で深く慕われ、晩年上洛の折には覚如・唯善に教えを授けた。

＊7　蓮如

一四一五～九九。本願寺第八世。教団中興の祖。二百通を超える御文章（御文）の執筆や正信偈和讃による儀式の簡略化を通じて、衰亡に瀕していた本願寺教団を浄土真宗を代表する宗門に成長させた。

＊8　「流罪記録」

「承元の法難」（一二〇七年、法然の専修念仏に対する興福寺の非難をきっかけに起きた大弾圧事件）において、法然と弟子たち（親鸞を含む）が受けた処分の記録。

＊9　比叡山

比叡山（京都市・大津市）にある天台宗の総本山延暦寺を指す。天台宗は「円（天台教学）・密（密教）・禅・戒（戒律）」の内容を併せた総合仏教で、鎌倉仏教の開祖（法然・栄西・親鸞・道元・日蓮・一遍）は皆、延暦寺での修行の経験者。

＊10　六角堂

聖徳太子創建と伝えられる頂法寺（京都市中京区）。六角形の本堂の形から六角堂と通称。平安時代から清水寺・石山寺等と共に、西国観音霊場中の著名な寺に数えられた。

＊11　夢告

親鸞の夢に救世観音菩薩姿の聖徳太子が現れ、「行者宿報設女犯」の偈（おまえが宿因の報いとして妻帯するときは、私が女となって一生添いとげ、臨終に引き続いて極楽に生まれさせる）を示したという。

＊12　法然

一一三三〜一二一二。諱《いみな》は源空。美作（岡山県）の豪族だった父の遺言で出家、十三歳で比叡山に入る。一一七五年、唐の善導の論に導かれて「専修念仏」を確立、東山吉水で教えを説く（浄土宗開創）。「承元の法難」で四年間讃岐に流された。

＊13　承元の法難

承元元年（一二〇七）、法然・親鸞ら専修念仏の僧が流刑、死刑となった弾圧。きっかけは風紀問題だが、背景には、政権・既成教学に依ることなく教勢を広げる専修念仏に対する既存仏教勢力（延暦寺・興福寺）の敵視・敵対があった。

＊14　『顕浄土真実教行証文類（教行信証）』

膨大な経典や論釈を参照して、重要な文章・語句を分類し、私釈を施しつつ引用して、浄土仏教を体系的に明らかにしようとした親鸞の主著。「教」「行」「信」「証」「真仏土」「化身土」の六巻からなる。

＊15　善鸞

一二一〇〜九二。親鸞の息子。父の信頼を得て関東に下ったが、そこから一転して、弥陀の本願はしぼんだ花だから捨てるようにと説き、異義を唱え、父母を中傷した。そのため親鸞は一二五六年、善鸞を義絶。その後善鸞は独自に布教にあたった。

＊16　末法思想

釈迦の死後、正法時（仏教の基本要素〈教・行・証〉がすべて存在）から像法時（教・行が存在）を経て末法時（教のみ存在）と、時代が下るに従い仏教が衰え、世が悪化していくという歴史観。日本では平安中期の永承七年（一〇五二）から末法時に入ったとされた。

＊17　易行

誰もが簡単に実践できる仏道修行のこと。出家して厳しい修行に堪えられる特別な者にのみ開かれた「難行」の道に対し、難行に堪え得ない弱い者に対して仏の方から開かれている往生の道をいう。

＊18　三選の文

法然の主著『選択本願念仏集』の最終章で「三つの選択」を論じた文章。仏道を対立する二項に分類して、どちらかを選び取っていき、最後の三つ目で極楽往生を保証する行為（正定業）としてただ一つ「称名」を選べと論じている。

＊19　龍樹（ナーガールジュナ）

一五〇頃〜二五〇頃。南インド出身。真宗七高僧の第一祖で、大乗仏教の祖ともいわれる。仏教の〈空〉の思想を基礎づける一方、対立する考えの一方に偏らず自由に見る視点（中観）を強調した。

＊20　曇鸞

四七六頃〜五四二頃。北魏出身の中国僧。浄土五祖の初祖で、真宗七高僧の第三祖とされる。著『浄土論註』で、観想念仏を改めて「称名念仏」を創始、浄土仏教民衆化の礎を築き、法然・親鸞らの日本の浄土仏教に大きな影響を与えた。

＊21　『無量寿経』

浄土仏教の三つの根本経典「浄土三部経」の一つ（他は『観無量寿経』『阿弥陀経』）。漢訳の正式名は『仏説無量寿経』で、『大無量寿経』（略して『大経』）とも呼ぶ。法蔵菩薩が四十八の誓願を立て、それを成就して阿弥陀仏となり、極楽浄土を築くまでが説かれる。

＊22　十八番目の誓い

「たとい、われ仏となるをえんとき、十方の衆生、至心に信楽して、わが国に生れんと欲して、乃至十念せん。もし、生れずんば、正覚を取らじ。……」（漢訳、岩波文庫）

＊23　梅原猛

一九二五〜二〇一九。哲学者。京都大学卒。文学・歴史・思想・宗教を総合して独自の古代学・日本学・人類哲学を確立。著書『美と宗教の発見』『隠された十字架　法隆寺論』『人類哲学序説』『歎異抄』（全訳注）など。

＊24　聖道・浄土

仏教の二つの道、聖道門と浄土門のこと。聖道門は、自分の力を頼り厳しい修行に堪えて、この世で悟りを開こうとする「自力難行」の道。浄土門は、自己の無力さ、愚かさを自覚した者が阿弥陀仏の本願を信じ、念仏して浄土に生まれようとする「他力易行」の道。

＊25　「雑毒の善」

煩悩の毒の混じった善のこと。人間の努力はすべて「雑毒の善」で、真実の業ではないので、その努力は完成することがない、と親鸞は説く。「虚仮雑毒の善を以て無量光明土に生ぜんと欲する、これ必ず不可なり」（『教行信証』信巻）

＊26　高史明

一九三二～。作家・評論家。山口県生まれ。一九七五年に一人息子が十二歳で自死。その悲しみと憤怒と崩落感のなかで『歎異抄』に深く惹かれ、以後親鸞の教えと向き合い続ける。『歎異抄との出会い』『高史明親鸞論集』、編・岡真史遺稿詩集『ぼくは12歳』など。

＊27　行基

六六八～七四九。奈良時代の僧。法相宗を学び、若くして池溝土木開発などの事業を営みながら民間伝道に投じた。長く官僧と認められなかったが、七四五年大僧正に任じられた。民衆に慕われ、「行基菩薩」の呼び名が自然に生まれた。

＊28　山鳥のほろほろと……思ふ

仏教の生命観を歌った釈教歌（仏教思想に基づいて詠まれた歌）。「玉葉和歌集」は一三一二年成立の勅撰和歌集（第十四）。収録歌二千八百一首。

＊29　宮沢賢治

一八九六～一九三三。大正・昭和期の詩人・童話作家。岩手県花巻の裕福な商家の子。「『歎異鈔』の第一頁を以て小生の全信仰」との少年時代から、青年期以降は法華経に傾倒。農学校教師などの傍ら創作に励んだが肺炎で死去。童話『注文の多い料理店』『銀河鉄道の夜』など。

＊30　『春と修羅』

一九二四年刊。生前唯一の刊行詩集。結核により二十四歳で早世した妹トシの死への悲嘆から生まれた「無声慟哭」や「オホーツク挽歌」（「青森挽歌」を含む）、また「小岩井農場」の連作がよく知られる。

＊31　大乗仏教

インドで紀元前後に興った、従来の仏教とは別の仏教。輪廻の苦しみからの離脱を重視する従来の仏教に対し、大乗仏教は菩薩の道を歩むことを重視し、悟りを開くための修行（自利の行）と他者を救うための修行（利他の行）を行うとする。大乗とは「大きな乗り物」で、一切衆生を救済するという意味。

＊32　『選択本願念仏集』

一一九八年、法然六十六歳のときに口述された主著。前半では、中国浄土教の論を引きながら、「聖道門」を捨て「浄土門」へ帰依することの正当性を主張。後半は、浄土三部経を引きながら、「称名念仏」の絶対性を証明する。浄土真宗では「選択《せんちゃく》」と読む。

＊33　プロテスタント

十六世紀の宗教改革で、ローマ・カトリックへの抗議（プロテスト）を行い、分離した人々のなかから生まれた教派。聖書のみを規範とする信仰に立ち、聖職者に特別な権威を認めず、各人が直接神の前に立つ「万人祭司主義」をとる。

＊34　カトリック

ローマ・カトリック（または「カトリック教会」）のこと。カトリックは「普遍的」を意味するギリシア語に由来。ローマ教皇を最高聖職者とするキリスト教最大の教派で、教会の伝統と権威を重んじ、礼拝は儀礼的典礼を中心とする。

＊35　ヴァリニャーノ

一五三九〜一六〇六。イタリア生まれのイエズス会司祭。同会の巡察使（布教先の社会事情や環境の調査・報告のため派遣される職）として十六世紀後半（織豊時代）に三度来日。その一次・二次の報告書（「諸事要録」一五八三、九二）をまとめたのが『日本巡察記』。

＊36　「不合理ゆえにわれ信ず」

「信仰の逆説性」を形容する言葉。キリスト教信仰の対象は、理性による解釈とは関わらない超越的なもの、との認識に基づく。初期キリスト教の教父テルトゥリアヌス（二〜三世紀）の言として知られたが今日では否定され、出典不明。

＊37　「聞思修」

三慧ともいい、智慧（通常の判断能力や知性のはたらきをいう「智」と、悟りを導く精神作用の「慧」）を修行の順に三つに分類したもの。すなわち経教の見聞で生じる「聞慧」、思惟により得られる「思慧」、禅定を修めて得られる「修慧」をいう。

第2章——悪人こそが救われる！

親鸞思想の最大の逆説「悪人正機説」

この章では、誰もが一度は聞いたことのある、『歎異抄』を象徴する一節から見てみましょう。第一章で触れずにとっておいた第三条のこの文です。

善人なほもつて往生をとぐ。いはんや悪人をや。しかるを世のひとつねにいはく、「悪人なほ往生す。いかにいはんや善人をや」。

（善人でさえ浄土に往生することができるのです。まして悪人はいうまでもありません。ところが世間の人は普通、「悪人でさえ往生するのだから、まして善人はいうまでもない」といいます。）

一般的に考えると、後半部の「悪人でさえ往生するのだから、まして善人はいうまでもない」と言う方が、理屈が通るように思います。しかし、これは世俗の理屈です。宗教的な本義に従えば、別の道筋が開きます。

まず、ここでの「善人」が「自力で修めた善によって往生しようとする人」を意味している点に留意してください。彼らは仏にすべてをお任せしようという「他力」の心が希薄で、自分の修行や善根[*1]によってどうにかなると思っています。そうした自力の心を持つ人であっても仏は救ってくれます、というのが、一文目の「善人なほもつて往生をとぐ」です。

次に「悪人」ですが、「煩悩具足のわれら」とも言い換えられます。あらゆる煩悩をそなえている私たちはどんな修行を実践しても迷いの世界から離れられません。阿弥陀仏は、それを憐れに思って本願を起こした、悪人を救うための仏です。ですから、その仏に頼る私たち悪人こそが浄土に往生させていただく因を持つ——と考える。それが「いはんや悪人をや」です。

ここでは、「正機《しょうき》」と「傍機《ぼうき》」という言葉を説明しましょう。「機」とは対象の意味です。正機は真ん中ストライクの対象であり、傍機は中心を外れた対象です。他力の仏道においては、悪人こそが正機であり、善人は傍機であるのは当然の話です。

たとえば、法然の著作『選択本願念仏集』にも同じことが書いてあります。「浄土宗の意、本凡夫のためなり、兼ねては聖人のためなり」[*2]（浄土宗の心は、もともと凡夫のためであって、兼ねては聖人のためである）。本来は、「浄土の宗意は」と読むべきものを、法然は「浄土宗の心は」と読み、もともと自分の力では悟ることができない「凡夫のため」のもので、「兼ねて聖人のため」でもあると説明します。ここから「浄土宗」

という言葉が生まれました。

そもそも第三条の「悪人正機説」は、法然の言葉ではないかという説があります。根拠の一つは、『歎異抄』の多くの条の最後が「云々」で終わるのに対し、第三条は「仰せ候ひき」で終わることから、「法然上人から教わりました」と親鸞が語ったものは「云々」が付かないのではないか、と考えるのです。

そしてもう一つ、大正六年（一九一七）に醍醐寺三宝院[*3]で発見された法然の伝記があります。書いたのは、十三歳のときから法然に仕えた源智《げんち》[*4]で、法然を看取《みと》るほどに近しい関係にあり、親鸞の兄弟子にもあたる人ですが、その彼が書いた『法然上人伝記』（通称「醍醐本」）に「善人尚以往生況悪人乎」のフレーズが出てくるのです。ですから、親鸞オリジナルでなく、先に法然の言葉であったことは間違いありません。

「醍醐本」には、龍樹を初めとして天親《てんじん》[*5]や曇鸞などの菩薩と言われるほどの素晴らしい善人も浄土往生を目指したのだから、仏の本来のおめあてである私たち悪人はなおさら目指さなければならない、とあります。

自分で悟りを開けない人のための仏道であり、仏様なのですから、言うなれば、自分で泳げずに溺れている人からまずは救うということなのでしょう。でも、もちろん泳げる人も救いますよ、と付け足す。そんな理屈になっています。

あるいは解釈を広げるなら、仏の目から見れば、すべてが悪人です。しかし、自分自身は善人だと思っている人間の傲慢さはどうなのか、というわけです。すなわち、自分自身のなかにある悪への自覚に関する問題ですね。

いずれにしても、ここには一般的な社会通念とは異なる価値観が提示されているのです。そして、そこにこそ宗教の本領があると思います。社会とは別のものさしがあるからこそ、人は救われるのです。社会通念と同じ価値体系しか持たないのであれば、宗教の存在意義はほとんどなくなってしまうのではないでしょうか。たとえば、イエスが「貧しい者、飢えている者、泣いている者、あなたこそが幸せだ。なぜなら神の国はあなたたちのものなのだから」というのも、まさに宗教的逆説性であると言えるでしょう。

さらに別の角度から第三条を考察すれば、浄土仏教が弱者のための仏道、愚者のための仏道であることが浮かび上がります。だから、「阿弥陀仏、ただ一仏」といった一神教的な性格が強くなるのでしょう。総じて弱者の宗教は一神教化傾向が強くなりますから。むろん仏教ですので、唯一絶対なる創造神を信仰するわけではありませんが、浄土真宗は「選択一神教」などと評されることがあります。

弱者や愚者にとって、「信じる」という姿勢こそ、生きる術《すべ》です。「信じる」とは、人間のあらゆる営みのなかで最も強いエネルギーを持ちます。根源的な力です。苦難の人生を生き抜くための手立ては、信じることです。そして「信」を一点にフォーカスすれば、最も強い状態になりますよね。

念仏は阿弥陀仏のはたらきである

では、第七条に目を移しましょう。第1章の、写本の相違についてお話ししたところで出てきた問題の一文です。

念仏者は無礙《むげ》の一道なり。
（念仏者は、何ものにもさまたげられないただひとすじの道を歩むものです。）

「念仏者は……ひとすじの道である」では文法上の違和感がありますので、「者」を「は」と読んで「念仏は……道である」と考えるか、あるいはここで示した現代語訳のように「念仏者は……道を歩むものである」と、省略された部分を補って考えるか、どちらかになります。

この一文のあとに、「無礙の一道」とは、あらゆる神もひれ伏し、悪魔も外道も邪魔することができないものだと書かれています。この表現は、おそらく善導*6のたとえ話からのイメージでしょう。「二河白道《にがびゃくどう》」（『観経疏《かんぎょうしょ》』*7）と呼ばれるたとえ話で、とても有名なものです。

「ある人が西へ向かおうと決心したときに自分の周囲が見えてきました。南には業火の河、北には津波のような波が押し寄せる水の河があり、後ろからは獣や盗賊が襲ってきて、進むことも退くこともできません。じっとしていたら死ぬしかない状況のなか、二つの河のあいだに細く白い道が見えました。しかし、とても行けるような気がしないと怖気づいていると、西の方角から「来い」という声が聞こえ、東側のこちらからは「行け」という声が聞こえてきました。西の声の主は阿弥陀様、東の声の主はお釈迦様、つまりさまざまな煩悩に襲われる道を、阿弥陀と釈迦の激励によって歩むことができた――」

善導は、それぞれが何のたとえかを説明します。たとえば、火は自分にひそむ怒りであり、水は自分にこんこんと湧き上がる欲望である、といった具合です。この道しかもう歩む道がない、ほかに選択肢がない、という状況で決心する。だからこそ、何者にも妨げられることがない力強さを得ることができるというわけです。

つづいて第八条の冒頭を取り上げます。

念仏は行者のために、非行《ひぎょう》・非善《ひぜん》なり。わがはからひにて行ずるにあらざれば、非行といふ。わがはからひにてつくる善にもあらざれば、非善といふ。

（念仏は、それを称えるものにとって、行でもなく善でもありません。念仏は、自分のはからいによって行うのではないから、行ではないというのです。また、自分のはからいによって努める善ではないから、善ではないというのです。）

他力念仏は、自分の力で実践している修行ではなく、善を積んでいるわけでもない、と述べられています。ここまで読み進めてきた皆さんには、かなり違和感なく読めるのではないでしょうか。

実は、私自身このことをよく実感します。そもそも私は、念仏するような人間とはとても思えない、どちらかと言えば、宗教心の乏しい人間です。その自分が念仏を称えているのですから不思議なことです。「よく私みたいなものの口から念仏が出るな……。これが仏のはたらきなのか……」と感じることがしばしばあります。

また、念仏だけではなく、信心も仏のはたらきです。のちに詳しくみる「後序」に、

「善信（親鸞）が信心も、聖人（法然）の御信心も一つなり」と、並み居る先輩たちを押しのけて、親鸞が言い放ったエピソードが書かれていますが、これも「自分が起こした信心ではなく、仏からたまわった信心だから、誰の信心も等しい」ということなのです。この親鸞の言い分に、法然も同意します。

喜べない私だから救われる

次に紹介する第九条は注目です。第二条と並んで、前半においてはとてもドラマチックな条です。

私はこの条を読むと、「唯円さん、よくぞ書いてくれた」と思わずにはおれません。もし第九条がなかったならば、我々の親鸞の印象も違ったものになっていたことでしょう。ここでは唯円と親鸞とのリアルな会話が展開されています。

状況を簡単に説明しますと、まず唯円が親鸞に思い切った告白をするところから始まります。おそらく、たまたま二人だけになる機会があったのでしょうね。このとき、親鸞が八十三歳ぐらいで、唯円が三十三、四歳くらいです。二人は五十歳ほども年齢が離れています。唯円は二人きりの機会に、自分の正直な胸の内を吐露します。すると親鸞は驚くべき応答をするのです。その場面を読んでみましょう。

念仏申し候《そうら》へども、踊躍歓喜《ゆやくかんぎ》のこころおろそかに候《そうろ》ふこと、またいそぎ浄土へまゐりたきこころの候はぬは、いかにと候ふべきことにて候ふやらんと、申しいれて候ひしかば、親鸞もこの不審ありつるに、唯円房おなじこころにてありけり。

（念仏しておりましても、おどりあがるような喜びの心がそれほど湧いてきませんし、また少しでもはやく浄土に往生したいという心もおこってこないのは、どのように考えたらよいのでしょうかとお尋ねしたところ、次のように仰せになりました。

この親鸞もなぜだろうかと思っていたのですが、唯円房よ、あなたも同じ心持ちだったのですね。）

たとえば『無量寿経』というお経には、念仏者の心は喜びに満ちあふれると説かれています。親鸞自身もそのことを何度も著作に書いています。『教行信証』のダイジェスト版のような『浄土文類聚鈔《じょうどもんるいじゅしょう》』には「無上の信心を獲れば、すなわち大慶喜《きょうき》を得る」とあります。しかし唯円は、そのことを十分理解していながら、自分には喜びがあふれてこないことに悩んでいたのでしょう。それを親鸞に相談します。

すると親鸞は、なんと「わしもそうなんだ」と言い放つのです。若い唯円からしてみれば、親鸞にこの質問を口にすること自体、相当な勇気が必要だったと思います。それにすぐさま同意してみせた親鸞という人物の特性を感じる場面です。そして親鸞は、本来喜びが湧き上がるはずなのに、喜べないからこそ、私たちは救われるのだ——と説くのです。

親鸞よりも六十六年ほど後に生まれる遊行の僧・一遍*8などは、救われる喜びをみんなで表現しようと鉦《かね》や太鼓で踊躍《ゆやく》念仏（踊り念仏）を実践します。一遍は身体性が豊かで、表現が外へ外へと向かいます。一方の親鸞は、問いが内面へ内面へと進む人ですね。そして苦悩し、悲嘆する。私はどうしても喜べない。しかし、喜べないからこそ救われることに間違いはない。そんな道筋を歩むのです。

親鸞の語りを聞いていると、まるで底に穴の空いた船に乗っているような人だな、と感じます。水が湧くように、煩悩がこんこんと湧き上がってくる。水をかい出すのをやめるわけにもいかず、しかしいくらかい出しても、煩悩が尽きるわけではない。この緊張感や息苦しさ——それこそが親鸞の魅力なのです。彼のパーソナリティ（の一面）は、この第九条の逸話があったからこそ、後年の人々に伝わったのだと思います。

近代知性が魅了されたのも、まさにこの部分でしょう。第九条には、いま挙げた箇所の他に、「久遠劫《くおんごう》よりいままで流転せる苦悩の旧里《きゅうり》はすてがたく」という一節があります。いままでずっと生まれ変わり、死に変わりしてきたような、この苦しみに満ちた世の中は捨てがたい、という意味です。逆に一度も行ったことのない浄土については「こひしからず候ふ」、まだ行きたくない——。実に素朴で率直な言葉ではありませんか。

このようなことを、自分より五十歳も若い唯円にあっさりと語る親鸞。さらには、「ちょっと体調が悪くなったら、死ぬのではないかと心細くなる」「どれほどこの世がなごりおしくとも、やがて力がつきて浄土へといかねばならない」といった、凡夫の姿をそのままさらす親鸞。八十歳を過ぎてもこういうところをごまかさず、自らの煩悩に、自分の影にずっと向き合い続けた親鸞の姿を、唯円はこの第九条に活写しました。

しかし、見落としてはいけないことは、親鸞は往生する喜びも語っている点です。そうした内容の歌もつくっています。「正信偈《しょうしんげ》」では「信を獲れば見て敬い大いに慶喜せん」と詠んでいます。この親鸞も決して偽りではありません。また、仲間がこの世を去ったとき、「彼の往生は間違いない、めでたいことだ」と喜ぶ手紙が残っています。そして、先に往生して皆さんをお待ちしていますよ（「浄土にてかならずかならずまちまゐらせ候ふべし」『親鸞聖人御消息集』）と書き送るなど、浄土往生の喜びや確信も持っていたのです。孤高の実存者のような親鸞を高く評価した近代知性が、ときに見落としがちな一面です。悲嘆・迷いと慶喜・確信との振幅に、親鸞の魅力があります。

第二条と第九条は、親鸞の人格部分を読み取ることができますね。また、そして、ここまで読んでくると、「他力」の教えが何を説いているのか、その方向性が次第に体感できてきたのではないでしょうか。私たちの実相と、阿弥陀仏の願いによる救い、ここがキモですね。ここが光と影との緊張関係のように同時成立するのです。

親鸞は晩年近くになって「愚禿《ぐとく》悲嘆述懐」という和讃（『正像末和讃』）をつくっています。梅原猛は「これに最も親鸞らしさが現れている」と述べています。一首、紹介しましょう。「無慚無愧《むざんむぎ》のこの身にて　まことのこころはなけれども　弥陀の回向《えこう》の御名《みな》なれば　功徳《くどく》は十方《じっぽう》にみちたまふ」（慚愧の心はまったくない我が身であるから、真実の心などない。しかし、そんな私に阿弥陀仏の名号が回向されるので、その功徳はこの世界に充ち満ちるのだ）。自分の方には真実はないけれど、仏の光に照らされるのですね。

親鸞は五百首を超える和讃を創作していますが、八十代後半の『正像末和讃』の最後には、「是非《ぜひ》しらず　邪正《じやしよう》もわかぬ　このみなり　小慈小悲もなけれども　名利《みようり》に人《にん》師《し》をこのむなり」（ものごとの是非もわからず、邪・正の判断もできない私である。人としての最小の慈悲も持っていない身であるが、世間から評価されたり先生と呼ばれることを好んでしまうのだ）とあります。『歎異抄』第六条にあるように、「親鸞は弟子一人ももたず候ふ」と普段から語っていたようですが、「つい、師となることを喜んでしまう」と言うのです。やはり、なかなか簡単に把握できる人ではありませんね。親鸞という人はでかいです。

「はからい」を捨てよ

それでは前半の締めにあたる第十条に移りましょう。この条については、前章の構成のところでも少し触れましたが、考え方が二つあります。

冒頭の「念仏には無義をもつて義とす。不可称不可説不可思議のゆゑにと仰せ候ひき」の文章でいったん区切り、このあとの「そもそも、かの御在生《ございしょう》のむかし」から始まるくだりを「中序」と考えるか否かです。蓮如の写本では、ここを区切ってはいません。しかし、近年の研究の結果では、第十条は先に引用した二文のみで、「そもそも」以降は中序と考えるようになっています。そのような事情を酌《く》みながら第十条を見てみます。

念仏には無義をもつて義とす。不可称不可説不可思議のゆゑにと仰せ候ひき。

（本願他力の念仏においては、自力のはからいがまじらないことを根本の法義とします。

なぜなら、念仏ははからいを超えており、たたえ尽すことも、説き尽すことも、心で思いはかることもできないからですと、聖人は仰せになりました。）

親鸞の「語録篇」（一般には「師訓篇」と言います）の最後を飾るに相応しい、とても奥深い響きの文章です。

まず「義」は「自分のはからい」のことを意味しますから、「無義」とは「自分のはからいがない」ことです。親鸞の手紙に、「義といふことは、はからふことばなり。行者のはからひは自力なれば義といふなり」（『親鸞聖人御消息集』）とあります。「はからい」とは分別のことです。もっと言えば、自分の都合にもとづいた判断や理屈のことです。そういった理屈はないのが他力念仏の理屈だというわけです。

第1章の末尾に「仏教とは知性・理性と信仰が一体になったもの」という話をしました。仏教は合理的な思考を重視する性格があります。そういうタイプの宗教です。信心や信仰といった言葉のそもそもの原語は、サンスクリットの「シュラッダー（śraddhā）」と「アディムクティ（adhimukti）」であり、これを丁寧に訳せば「身も心も納得する」となります。

しかし、法然には私たちの賢《さか》しらな理性や知性への懐疑がありました。また、親鸞は自分のはからいがどれほど虚妄であるかを痛感していました。他力の仏道では、ここが問題になるのです。

でも、「理屈を言わずに信じろ」という話ではないのです。理性や知性ではとどかない領域がある。その最後の一線のところで、「はからいを捨てる」というジャンプをしなければならない。そうしなければ見えない景色があるのだ、ということでしょう。仏の導きは、とても私たちの理性や知性では言語化も説明もしきれない。虚妄の存在が、真実を完全に表現できるはずもありません。それが「不可称不可説不可思議」の意味となります。はからいを基盤としている限り、他力の念仏・信心とはならない——。

「無義をもつて義とす」と同様の内容を、晩年の親鸞は「自然法爾《じねんほうに》」という言葉を用いて述べています。「自然」は「じねん」と読み、あるがままや世界の原理なども意味しますが、この場合は仏のはたらきそのものを表現する言葉です。「法爾」も同じ意味です。この言葉は、法然の名前の由来であるとも言われています。

「法」は、「法則・原理」「教え」「事物・現象」など多義的に使われる言葉です。仏教の基本見解に「諸法無我」というのがあります。これは「すべての存在には、不変の実体などない」といった内容になります。また、「法を拠りどころとせよ」と使われれば、「仏法を拠りどころにせよ」といった意です。親鸞が「自然法爾」と言うとき、それは

「阿弥陀仏の願いのはたらきのまま」という意味になります。これまで使ってきた言葉でいえば「他力」です。

親鸞は八十六歳のときに「自然法爾章[*9]」と呼ばれる文章を書いています。そのため、「自然法爾」こそが親鸞の最終境地であると解釈する方もいます。しかし、私はそう考えていません。なぜなら自然法爾章で述べられている内容は、親鸞がずっと語ってきたことだからです。「自然法爾」という用語は、最晩年に使われていますが、思想そのものは一貫して持ち続けていたものだと言えるでしょう。

念仏は仏の呼び声

では「中序」へ……と移る前に少し「南無阿弥陀仏」についてお話ししましょう。「南無阿弥陀仏」は、六字の名号（仏の名前）と呼ばれます。名号を称えるのが「称名」です。仏の名を称える、という形態は仏教の初期からありました。

「南無」はナマス（namas）というサンスクリットの言葉に漢字を当てはめたもので、「帰命」「帰依」を意味します。要するに、「おまかせします」ということです。次の「阿弥陀」は、アミターバ（アミタ・アーバ、amitābha）とアミターユス（アミタ・アーユス、amitāyus）という言葉からできています。ミタが「限界」、アが「〜でない」

という否定の意なので、アミタは「限界がない」「限りなし」となります。「アーバ」は光で、「アーユス」は生命のことです。つまり、アミターバは「限りない光」、アミターユスは「限りない生命」です。

そして最後の「仏」は、この場合は「はたらき」という意味になりますので、「南無阿弥陀仏」と称えることは、もともと「この世界に充ち満ちる限りない光と命のはたらきにおまかせします」という意となり、自分自身の生きる方向性を表す言葉なのです。

ところが親鸞は、南無を「おまかせします」ではなく、「まかせてくれよ」と仏に呼ばれているのだと領解《りようげ》します。自分の称えた「南無阿弥陀仏」が、仏の呼び声となって聞こえてくる、それが他力の念仏なのです。「称える」ことは、すなわち「聞くこと」である。「称名」は、すなわち「聞名《もんみよう》」である、ここが親鸞の念仏の本質です。「聞名」という思想は、『無量寿経』にも繰り返し出てきます。親鸞はそこに注目したのです。浄土真宗の教学では、「称即聞」「聞即信」――「称えること」「聞くこと」「信じること」の三つが一つであるとされています。浄土真宗の大きな特徴です。親鸞の念仏と信心を考えるうえでも重要です。

『歎異抄』第六条の解説で、念仏とはもともと「観仏」「憶念」であったものを、法然が「称名」と考えたことをお話ししました。そして親鸞は他力の「称名」を「聞名」という面から捉えていったのです。これはおそらく、親鸞自身の深い宗教体験から生まれた思想なのだと思います。

＊1　善根

よい報いを受ける原因となる行い。また、種々の善を生み出す根本のこと。無貪（むさぼらない）・無瞋（怒らない）・無痴（愚かに迷い惑わない）を三善根という。

＊2　「浄土宗の意、……ためなり」

新羅の学僧・元暁《がんぎょう》（六一七～六八六）の著とされる『遊心安楽道』からの引用で、原文は「浄土宗意本為凡夫兼為聖人」。元暁は華厳宗の僧だが、すべての経典を平等に見ていく「和諍《わじょう》」という教学を立てた。

＊3　醍醐寺三宝院

醍醐寺は真言宗醍醐寺派の総本山（京都市伏見区）で九世紀創建。三宝院は醍醐寺の塔頭（十二世紀創建）。門跡寺院であり、江戸時代は修験道当山派の本山でもあった。

＊4　源智

一一八三～一二三八。号・勢観房。平家の武将の遺児。十代の頃から二十年近く法然に常随し、法然臨終の際には浄土宗の「心と行」について簡潔に記した「一枚起請文」を授けられた。『歎異抄』後序に、信心をめぐって親鸞（善信）を非難する兄弟子として登場。

＊5　天親

四〇〇頃～四八〇頃。インドの仏教思想家。世親とも。兄・無着とともに「唯識論」の大成者。また著『浄土論（往生論）』で極楽浄土へ往生する五つの方法（五念門）を示した。真宗七高僧の第二祖。

＊6　善導

六一三～六八一。中国浄土教を大成した中国唐代の僧。浄土五祖の第三祖で、真宗七高僧の第五祖とされる。称名念仏を「正行」（正しい実践修行）とした善導の著『観経疏』（『観無量寿経疏』）は法然に回心をもたらした。その二人の関係は『歎異抄』第二条で語られている。

＊7 『観経疏』

善導が著した『観経』の注釈書。『観経』（浄土仏教の根本経典「浄土三部経」の一つ『観無量寿経』の略称）は、王位継承を巡り父子が骨肉の争いを起こすという劇的な物語。なかに極楽往生するための具体的方法が詳述されている。

＊8 一遍

一二三九〜八九。鎌倉時代の僧、時宗の開祖。伊予（愛媛県）の人。二十代で浄土信仰に入る。熊野参籠で神勅を受け、諸国遊行を開始。「賦算札（念仏札）」を配り、「踊り念仏」をなしつつ全国を行脚、遊行上人と呼ばれた。

＊9 「自然法爾章」

一二五八年、八十六歳の親鸞が門弟・顕智の問に答えた消息法語。「自然といふは、自はおのづからといふ、行者のはからひにあらず、然といふは、しからしむといふことばなり」（『末燈鈔』五）

第3章——迷いと救いの間《はざま》で

異義を正す「歎異篇」

前章で、第十条を二つのパートに分離し、後半部を「中序」として読んでいく、ということころまでお話ししました。中序は、唯円が師の教えが誤った解釈で広がっていることを歎く「歎異篇」（一般には「異義篇」）第十一条から第十八条に先立つ、イントロダクションの役目を持っています。中序を丁寧に読み解けば、後半の内容が理解しやすくなるので、全文を引用しましょう。

そもそも、かの御在生《ございしょう》のむかし、おなじくこころざしをして、あゆみを遼遠《りょうえん》の洛陽《らくよう》にはげまし、信をひとつにして、心を当来《とうらい》の報土《ほうど》にかけしともがらは、同時に御意趣をうけたまはりしかども、そのひとびとにともなひて念仏申さるる老若《ろうにゃく》、そのかずをしらずおはしますなかに、上人（親鸞）の仰せにあらざる異義どもを、近来はおほく仰せられあうて候ふよし、伝へうけたまはる。いはれなき条々《じょうじょう》の子細のこと。

（思えばかつて、親鸞聖人がおいでになったころ、同じ志をもってはるかに遠い京の都まで足を運び、同じ信心をもってやがて往生する浄土に思いをよせた人々は、ともに親鸞聖人のおこころを聞かせていただきました。けれども、その人々にしたがって念仏しておられる方々が、老いも若きも数え切れないほどたくさんおいでになる中で、近ごろは、聖人が仰せになった教えとは異なることをさまざまにいいあっておられるということを、人づてに聞いています。それら正しくない考えの一つ一つについて、以下に詳しく述べていきましょう。）

出だしで、親鸞在世中の思い出を語っていますから、往時を親鸞と共に過ごした人物が『歎異抄』を著述していることがわかります。ここにも唯円説の論証材料がありま す。

親鸞が帰洛してから、わざわざ遠い道のりを京都までやってきて話を聞いた人々が、またそれぞれの地方に戻って教団をつくり、信徒を集めていきます。「念仏申さるる老若、そのかずをしらず」とは、そうした信徒が数え切れないほど増えた様子を表しますが、ではおよそ何人ぐらいと思われるでしょうか？

鎌倉幕府に提出した教団の名簿が残っていまして、ざっくりとその数をつかむことができます。まず教団の代表的な者として四十八人の名前があり、加えて親鸞の手紙には二十八人の名前が出てきます。合わせますと、主な人物だけで七十六人を数えます。彼らがそれぞれのグループの代表となり、各地で信徒を増やしていく。当時の親鸞系グループの数は、数万人の規模だったと言われています。昭和の時代に、滋賀県のお寺にあった阿弥陀仏像の胎内から、法然のグループの名前を記した文書が確認されました。そこには（すでに亡くなった人も含まれていたものの）五万人の署名があったのです。中世の法然や親鸞のグループはすごかったんですね。当時の人口比から考えると、大きなムーブメントだったことがわかります。

教団が大きくなれば当然のことながら「異義」「異論」「異説」が生まれます。これは法然在世中からいろいろと問題になっていたところです。そして親鸞往生後、このことに胸を痛めた唯円は『歎異抄』を書き上げました。

なぜ「異義」が出やすいか、なぜ他力念仏の教えは「異義」がそんなに問題なのか。一つには、「他力」の教えが高い専門性を必要としない、誰もが歩める平易な道であるからです。二つめとしては、他力念仏の道は横並び構造が強く、そのため各方面にグループが形成され、そこに指導的立場の人が現れると、どうしてもその人独自の解釈が展開される、という図式があります。このあたりの事情もキリスト教プロテスタントに似てますね。まあ、親鸞の方が四世紀ほど先んじているのですが。

そして、一神教的性格を持つ教えですから、やはり「異義」には敏感になる面があります。それに、一般の民衆から興隆してきた宗教グループなので、ときには当時の社会と衝突します。だから「異義」は大きな問題となります。『歎異抄』、とくにその後半部分は、こうした事情を背景に書かれたことに留意してください。「中序」は唯円の執筆意図を明確にしたものだったのです。

「造悪無礙」と「専修賢善」

それでは後半の八か条を、第十一条から順に読み解いていきましょう。各条には、そこで扱う異義を端的に示す言葉があります。これは了祥が付したものです。

第十一条の異義は「誓名別信《せいみょうべっしん》（別執《べっしゅう》）」です。本来は切り離すことのできない「誓願不思議」と「名号不思議《みょうごう》」を分けて、どちらを信じるのか、と相手に問い、その心を惑わす手口について書かれています。こんな内容です。

［文字の一つも知らぬままに、一生懸命に念仏をする人がいました。その人に対して、「お前は阿弥陀仏の願いを信じる、その信心だけで救われると信じているのか、それとも名号を口に称える、念仏で救われると思っているのか」と、脅すように問う者がいたらしい。しかし、そもそもどちらがどうというのではなくて、二つに分けること自体が間違いです。誓願なき名号も、名号なき誓願もありえず、誓願不思議を信じれば、名号

不思議もおのずから備わってくる。これは一つのものなのです――」

実際こんなふうに、人を惑わし脅すように迫って、自分に従わせようとする者がいたのでしょう。今も昔も宗教教団の手口はあまり変わっていませんね。唯円はそういった人物も、その手法も批判しています。そして、「歎異篇」最初の条だけあって、根の深い問題が掲げられています。

ここで言葉の説明をしておきましょう。「誓願不思議」「名号不思議」というわかりにくい言葉が出てきましたが、第1章での用語を使えば、「誓願不思議」は「信心重視」の立場で、「名号不思議」は「念仏重視」の立場だと考えてください。誓願不思議を信じるというのは、信心だけで往生できるといった主張につながります。また、名号不思議を信じるということは、念仏（＝名号）だけで救われることへとつながります。どちらが優位なのかといった論争は、親鸞が法然のもとにいたときからすでにありました。特に「一念義」系の人たちと、「多念義」*2系の人たちとの主張が問題となっています。また、「造悪無礙《ぞうあくむげ》」（悪事をしても何の障害にもならない）と「専修賢善《せんじゅけんぜん》」（ひたすら善を積まなければいけない）という二つの態度、いずれも大きな問題でした。少々大胆に整理すると左ページの図表のようになります。

この二つの異義については、あとの第十三条でも見ますが、唯円は「どちらに偏っていても駄目ですよ」と言っています。社会的な視点から見れば、一念義系の方が具合が悪い。事実、一念義系の人々が問題視されました。しかし、多念義的な立場になってしまうと、そもそも他力の教えの本義から外れてしまいます。なぜなら今までの仏道とそれほど変わらないのですから。唯円はこの両方の立場を批判しています。しかも両方への批判をうまく配置しており、唯円の構成力を見て取ることができます。

専修賢善

多念義
＝
往生までできるだけ
多くの念仏を称える

念仏重視
「名号不思議」

↓

一般的な仏教

造悪無礙

一念義
＝
ただ一回の念仏で
救われる

信心重視
「誓願不思議」

↓

浄土宗、
浄土真宗の存在の意味

つづいて第十二条の異義は「学解《がくげ》往生（学芸ぼこり）」です。要約すると、「きちんと教義・教学を学ばねば往生できないと主張する者がいるらしいが、大きな誤りである。本願を信じて念仏すれば往生できるのだ」という内容のもので、唯円は「すこぶる不足言《ふそくごん》の義といひつべし」（論じるまでもない誤った考えです）と、強い言葉で批判しています。

ここでは、「このごろ他力念仏とは違う仏道を歩む人とことさらに議論したり、自説を主張して相手を非難する者がいる。そんなことをするから、誤解されるのだ。そんな人は結局、仏

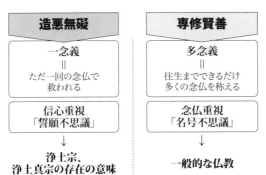

法を損ねてしまうことになる。たとえ、自分の歩む他力の道が他宗派から批判されても、愚かな私にはこの道しかないのです、と応答しておけばいいだけなのに」と、具体的な応対の態度にまで言及しています。

法然が浄土宗を立てて以降、他力の念仏者たちはずいぶん迫害されてきました。そして、あちこちでもめごとも起こしていたのですね。唯円は、「理論武装して何になるのか。心得違いもいいところだ。仏法を傷つけることになるし、何より他力の教えから外れてしまうぞ」と述べています。

浄土宗には「還愚《げんぐ》」――「愚に還《かえ》る」という言葉があります。親鸞は、法然がよく「愚者になりて往生す*3」と口にするのを聞いたそうです。この場合の「愚者」は、「自分自身の愚かさをよく自覚した者」という意味です。煩悩を捨てることができない愚者は、その身のままで仏の願いへとおまかせして往生するのです。

先にもお話ししたように、仏教は智慧と慈悲の宗教ですから、「愚者になる」というのはとてもラディカルな言説なのです。煩悩を抱えたまま浄土へ往生して、そして智慧と慈悲の仏となる。そのとき、煩悩はそのまま智慧へと転換する。他力の仏道はそのような思想を持っています。これは従来の仏教の枠組みを再構築する思想です。なぜ再構築する必要があったのか。それは、従来の枠組みからこぼれ落ちる人々のためです。このような仏道が日本で花開いたのです。

状況によっては、どんなことでもしてしまう

次の第十三条は注目です。第九条のように親鸞と唯円との対話が出てきます。『歎異抄』後半のハイライトでしょう。「本願ぼこり」を批判する人への批判という、二重の否定がなされています。この条では、「専修賢善」を諫める一方で、親鸞の言葉「薬《くすり》あればとて、毒《どく》をこのむべからず」を引用して「造悪無礙」も批判しています。

まず「本願ぼこり」とは、前節で紹介した「造悪無礙」とほぼ同じ意味で、一念義の人々のあいだで広まった、どんな悪事をしても本願によって往生できるという姿勢です。いやむしろ悪事を犯した方がいいのだ、という過激な人まで出るようになってしまいます。それに対して多念義系の人が「本願ぼこり」では成仏できないと批判しました。しかし、それも間違っていると説くのが、この条です。

善を行う・悪を行うというのは、私たち自身の意志の問題なのか。さらには、何が善で、何が悪か――。唯円は第十三条で、そうした問いを突きつけてきます。かつて自分が親鸞と交わした会話を例にとり、善悪の問題について整理していきます。少し引用しましょう。

またあるとき、「唯円房はわがいふことをば信ずるか」と、仰せの候ひしあひだ、「さん候《ぞうろ》ふ」と、申し候ひしかば、「さらば、いはんことたがふまじきか」と、かさねて仰せの候ひしあひだ、つつしんで領状《りょうじょう》申して候ひしかば、「たとへばひと千人ころしてんや、しからば往生は一定《いちじょう》すべし」と、仰せ候ひし……

（またあるとき聖人（親鸞）が、「唯円房はわたしのいうことを信じるか」と仰せになりました。そこで、「はい、信じます」と申しあげると、「それでは、わたしがいうことに背《そむ》かないか」と、重ねて仰せになったので、つつしんでお受けすることを申しあげました。すると聖人は、「まず、人を千人殺してくれないか、そうすれば往生はたしかなものになるだろう」と仰せになったのです。）

この部分だけ読むと、非常に驚かれるかもしれませんが、もちろんこれは喩《たと》え話です。余談ながら、原文の「ひと千人ころしてんや」には関西弁の名残りが見られます。親鸞は北関東に長くいましたが、京都生まれの人なので関西弁が残っていたのでしょう。親鸞の生《なま》の声を聞いているような臨場感です。

それはさておき、「千人殺す」という喩えはスケールが大きすぎます。大量破壊兵器のない時代ですから。現代なら「君、十万人殺せるか?」といった感じでしょうか。当然のことながら唯円は、「私は一人として殺すことはできません」と答えます。すると親鸞は「それでは、どうして私の言うことに背かないなどと言ったのだ?」と問い、次のように言葉を続けます。

「これにてしるべし。なにごともこころにまかせたることならば、往生のために千人ころせといはんに、すなはちころすべし。しかれども、一人《いちにん》にてもかなひぬべき業縁《ごうえん》なきによりて、害せざるなり。わがこころのよくてころさぬにはあらず。また害せじとおもふとも、百人・千人をころすこともあるべし」

(「これでわかるであろう。どんなことでも自分の思い通りになるのなら、浄土に往生するために千人の人を殺せとわたしがいったときには、すぐに殺すことができるはずだ。けれども、思い通りに殺すことのできる縁がないから、一人も殺さないだけなのである。自分の心が善いから殺さないわけではない。また、殺すつもりがなくても、百人あるいは千人のひとを殺すこともあるだろう」)

このあたりの親鸞の会話は実に刺激的です。この親鸞の「千人殺す」という言葉は、古代インドで千人の指を切ったあとに回心した「アングリマーラ（央掘摩羅《おうくつまら》＊4）」の仏教説話が下敷きになっているとも言われています。いずれにせよ、ここで親鸞が語ったのは、人間の意志に拠る倫理の不確実性だと思います。「この身があるかぎり、状況によっては何をしでかすかわからない。それがわれわれの実存なのだ」という教えです。そこを唯円はきちんと見据えています。そして、本願ぼこりを批判して善を押しつけてくる人たちに「望まなくても悪を犯すのが我々の実相である。そもそも我々は他の生命を奪って生きている身ではないのか」と、うわべだけの偽善に肉迫します。

「状況次第で人間は何をするかわからない」という思いは、親鸞が生涯持ち続けたものでした。だから、彼は九十年生き抜いて、一度も「悟った」とは言えなかった。しかし一方で、「信心の人は如来と等しい」とも言います。その意味は「他力の信心を得た人は、仏様と同じく悟りを開いたのと等しい」というものです。この二律背反の同時成立が親鸞の本質とも言えます。一方ではどこまでいっても凡夫であることを語り、一方では信心の人は如来と等しいと語るのです。

皆さんは、浅原才市《さいち》＊5という名前を聞いたことがあるでしょうか。妙好人《みょうこうにん》（浄土真宗における在俗の篤信者）の一人で、若いときは船大工でしたが後年は下駄職人として暮らしました。「口あい」と呼ばれる、自身の信心を詠んだ詩を数多く残しています。あるとき、学者が才市を訪ねて、「あなたのことを取材して、本にしたい」と言ったところ、才市は「やめておけ、わしが今から人殺しをするかもわからん。そうしたら、あんた、大恥をかくで」と断ったそうです。このエピソードは才市が亡くなる前年のものらしく、彼は最晩年までそういった態度でいたことがわかります。

まさに親鸞の教えを体現しています。学問を追究したわけでも、特別な修行をしたわけでもなく、ただお寺で法話を聞いては念仏して、自分の信心の喜びを木片に墨で書いていた人物が見事に他力の教えを実践している。もし親鸞が才市を見たら、「如来と等しい」と讃えたことでしょう。学もなく文字も書けないような市井のおじさん、おばさんが、高僧も及ばぬ境地を語るところに浄土真宗の特性があります。

さて、第十三条で唯円は、本願ぼこりに対する異義を批判しましたが、だからといってわざと悪い行いをするのも間違いだと言います。「親鸞聖人は、薬があるからといって、毒を好むのは間違っていると手紙にも書いておられます」と述べています。この手紙は現存しています。そもそも仏教は「廃悪修善《はいあくしゅぜん》」が基本なのです。この世界に生きる人々が幸せになる心と行いがよいことであるのは間違いありません。ただ、そういった倫理・道徳で解決しない苦悩が、大きな問題となるのが宗教というものなのです。

また、この条には、「ひとへに賢善精進《けんぜんしょうじん》の相《そう》を外《ほか》にしめして、内には虚仮《こけ》をいだけるものか」と語る部分があります。これは智者のふるまいをする者への非難なのですが、もとは善導の「不得外現賢善精進之相内懐虚仮」という文章からきています。本来は「外に賢善精進の相を現し、内に虚仮を懐《いだ》くことを得ざれ」（賢善精進を現して、内面に虚仮を懐いてはならない。『散善義』）という意味です。なんと、これを親鸞は「外に賢善精進の相を現すことを得ざれ、内に虚仮を懐ければなり」（外面に賢善精進を現してはならない。なぜなら内面に虚仮を懐いているからである。『愚禿鈔』）と読み換えてしまうのです（！）。親鸞にはこうとしか読めなかったのでしょう。

つづいて第十四条ですが、この条の異義は「念仏滅罪」、罪の問題についてです。『観無量寿経』という経典には、「仏の名を称えれば、八十億劫ものあいだ、輪廻転生しながら重ねてきた罪を滅すことができる」とあります。「十悪・五逆*6」といった重い罪を犯し、それまで念仏したことさえない者でも、臨終の際に称名すれば罪が消えるという教えです。これについて唯円は、「そもそも十悪・五逆といった話は、このような行いがどれほど重い罪であるかを強調するための文言である」として、さらに「臨終の際念仏で罪を消そうなどというのは、我々とは別の教えである。我々は信心が決定した際に往生させていただける身になる（現生正定聚《げんしょうしょうじょうじゅ》）のだ。そして臨終で罪や煩悩を消さなくても、罪や煩悩がそのまま悟りとなるのだ」と語ります。

そもそも「罪を消すために念仏する」という功利的な態度は自力であって、本来の他力の念仏からはすでに外れてしまっています。ここには専修賢善への批判があります。

この条の「一念発起するとき金剛の信心をたまはりぬれば」（本願を信じる心がはじめておこるときに決してこわれることのない信心をいただくのですから）という教えは「信一念」と呼ばれ、「行の一念（一念の念仏・一回の念仏）」とは違って、信心が決定する瞬間を指します。親鸞独特のところです。もともと「念」の原義には、一瞬の時間という意味があり、親鸞はそこに注目して、「他力の信心をいただいたその瞬間に、往生・成仏が確定する」と言うのです。また、ここで述べられている「信心をたまわる」という教えも、親鸞のユニークなところです。

信心成立のとき、往生・成仏する身になることを、「現生正定聚」と言います。「正定」はもうあと戻りすることのないポジションのことで、「聚」は仲間の意味です。ここは重要です。なぜなら、「現生正定聚」思想の反対が、「臨終来迎《りんじゅうらいごう》」思想だからです。親鸞は手紙のなかで、「臨終まつことなし、来迎たのむことなし。信心のさだまるとき、往生またさだまるなり」と書いています。親鸞にとって、往生・成仏の問題は、「今・

ここ」においての仏道なのです。

唯円という、たぐいまれな語り手

ここで少し話題を変えましょう。皆さんもすでにお気づきだと思いますが、『歎異抄』前半の、寸鉄人を刺すような親鸞語録に比べて、後半はずいぶんと細かい話が続く印象です。あまり面白くないと感じる向きもあるかもしれませんが、これは唯円が、異義に対して一つずつきちんと親鸞の思想を説いているためであり、実は後半こそが『歎異抄』の本体なのです。

第十三条で見たように、唯円は、過激な本願ぼこりが正しいわけではないが、多念義の君たちの批判も間違えていると、絶妙なバランスをとって批判しました。私は「グルグル唯円」と呼んでいるのですが、唯円は、「造悪無礙」にも「専修賢善」にも振れない中道を行きながら、一つひとつの事案についてAも違うがBも違うと、丁寧に主張しています。誠実さと明晰な思考の両方を兼ね備えていた弟子でした。

今日における浄土真宗への評価を考える場合、親鸞の説く教えや、真仏[*7]・了源[*8]・蓮如といった傑僧の活躍が大きいのですが、『歎異抄』という切れ味と深みのある書物を仕立て上げた唯円の仕事を忘れるわけにはいきません。唯円は、もともと平次郎（北条平次郎則義）という極悪非道な人間だったとの説や、親鸞の末娘の結婚相手の、先妻の子だったという説などがありますが、結局のところ出自はわかっていません。しかし、親鸞の言葉をより魅力的に伝えられる文章力と構成力を持っていたのはたしかです。

たぐいまれな語り手・唯円ですが、『歎異抄』の他には何も書き残していません。そもそも親鸞の弟子で、ものを書いた人はあまりいないのです。親鸞も自分自身のことはほとんど書いていないので、その意味でも『歎異抄』は貴重な史料です。この書物がなければ、親鸞の魅力がこれほど後世に伝わることはなかったでしょう。

『歎異抄』はあくまでも親鸞の自筆ではなく、唯円の目から見たものです。これを使って親鸞を語ること自体が間違いだと言う人もいれば、鈴木大拙[*9]のように『教行信証』は研究書なので、生の声が拾える『歎異抄』と両方を見なければいけないと言う人もいます。考えてみれば、ソクラテスにもプラトン[*10]がいました。釈迦もイエスも優れた弟子に恵まれたことで、その思想が現代にまで残りました。親鸞と唯円の関係も同じようなものだと考えられるでしょう。

なかなかすっきりしない道

他力念仏は「易行」と呼ばれ、誰もが平易に実践できます。それと共に親鸞は「難信（本当に信じることは難しい）」を説きます。他力の信心は、自分の内面を深く見つめ、常に問い続けなければならないという意味で、厳しい側面を持っています。とくに厳しい修行も学問も必要なく、世俗の生活が推奨される仏道ですが、お気楽かと言えばそうでもありません。第十四条にあるように「いのち尽きんまで念仏退転《たいてん》せずして往生すべし」（命の尽きるまでおこたることなく念仏し続けて、そして浄土に往生していくのだ）というわけです。

私自身、実感することですが、親鸞の説いた道を歩めば歩むほど、ずっと宙吊りにされている感じがあってしんどいものです。こうした光と影の緊張状態が生涯ずっと続くのがこの道です。早くスッキリしたい、カタルシスを味わいたい、という思いはあるのですが、親鸞の教えを追うと、そうはいきません。着地させてもらえない感があって、なかなかすっきりしないのです。おかしな話ですが、他力の教えを求めていると、ときには修行したくなります。他力の教えでは、修行による自己変革を目指すのは自力となるのですが、具体的な修行に没頭した方が納得できるし、すっきりするはずです。なんだか、「修行したい思いを辛抱する」という変な気分にもなります。

さて、第十五条を見ると、現世で煩悩を断って悟りを得ようとするのは他力の教えではないと批判しています。一念義系の人で、もう信心が定まったのだから悟りを開いたも同然だと言った人がいたようです。いわゆる「即身成仏[*11]」の異義です。即身成仏は真言密教の教えであって、他力の浄土門ではないと述べています。

ここは『歎異抄』で唯一、具体的な他宗派を取り上げて語っている部分です。また、すぐあとに法華経についての言及もあり、唯円の学僧としての見識が垣間見られます。ともあれ、悟りを開きたいと軽々しく言う人に対して、「では、もうブッダのようにさまざまな神通力を現して、身に三十二相《そう》・八十随形好《ずいぎょうこう》[*12]を備えているとでもいうのでしょうか」と、ちょっと皮肉めいた表現で批判をしたりしています。そしてこの条の締めの一文が以下のものです。

「浄土真宗[*13]には、今生《こんじょう》に本願を信じて、かの土《ど》にしてさとりをばひらくとならひ候ふぞ」とこそ、故聖人（親鸞）の仰《おお》せには候ひしか。

（「往生浄土の真実の教えでは、この世において阿弥陀仏の本願を信じ、浄土に往生してさとりを開くのであると法然上人から教えていただきました」と、今は亡き親鸞聖人のお言葉にはございました。）

回心・辺地・お布施について

次の第十六条以降は、できるだけコンパクトにまとめていきましょう。

第十六条は、「回心滅罪《えしんめつざい》」または「随犯回心《ずいぼんえしん》」の異義を正す条です。罪を犯したときには、そのつど懺悔《ざんげ》、回心《えしん》しなければ往生できないという、専修賢善・多念義系の人たちに対して、唯円は「回心などというものは、ただ一度の出来事である」と批判します。

この条文では、「信心の行者、自然《じねん》にはらをもたて」「いよいよ願力《がんりき》を仰ぎまゐらせば、自然《じねん》のことわりにて」のほか計五か所に、「自然《じねん》」という言葉が使われています。ともに読みは「じねん」で、今日、一般的に使われているnatureを意味する「自然《しぜん》」とは意味が異なります。第2章でも触れましたが、「自然《じねん》」は阿弥陀仏の願いの力によって「あるがままに」「おのずとそうなる」という意味です。

要するにこの条では、他力の仏道を行く者にとって、回心とは信心が定まったそのときただ一度のものであり、阿弥陀仏のはからいによって往生させていただくのだから、おのずと自分のはからい（自力）がなくなっていく――と記しています。大転換となる生涯一度の回心《かいしん》という問題は、宗教研究でも論点の一つです。とくに近代の宗教心理学では、大きな人格的転換を意味する「コンバージョン（回心《かいしん》）」が重要なテーマとなります。唯円は、それと同じ意味で「回心《えしん》」という言葉を用いています。『愚禿鈔《ぐとくしょう》』＊14で親鸞は「前念命終《ぜんねんみょうじゅう》　後念即生《ごねんそくしょう》」＊15と述べていますが、そこには新しく生まれ変わるというコンバージョンの意味が含まれています。このあたりも、信心を軸とした宗教思想という観があります。

第十七条の異義は「辺地堕獄《へんじだごく》」です。

いくら念仏しても、自分の行や善であるとしたり、念仏の善根功徳をあてにしたりする自力の念仏では、真実の浄土に往生はできず、いったん浄土の隅っこ（仮の浄土・方便の浄土＝辺地）に生まれることになる、とされています。

浄土に辺地があるという教えは『無量寿経』にもあり、源信＊16も『往生要集』で語っています。親鸞も『教行信証』第六巻「化身土」でこのことを取り上げています。キリスト教のカトリックでいう「煉獄《れんごく》」も、天国に行く前の前段ですが、そのような場所と似ています。

唯円はさらに、仮の浄土に生まれても、阿弥陀仏の願いがあって最終的には真実の浄土に行けるのだと強調します。これは阿弥陀仏の「果遂《かすい》の願《がん》」（第二十願）＊17に基づくもので、親鸞も「定散《じょうさん》自力の称名は　果遂のちかいに帰してこそ　おしえざれども自然に　真如《しんにょ》の門に転入する」（『浄土和讃』）と和讃を詠んでいます。

とにかく、当時の一念義系の人たちに、辺地に生まれ変わった者は地獄に落ちるという異義があったようで、唯円は「いやいや、その人たちも救われます。学者ぶってでまかせを言うのは間違いです」と批判しています。

最後の第十八条は「施量別報《せりょうべっぽう》」の問題ですが、この異義はなんとも俗っぽいものです。内容は、お布施や寄進の多い少ないによって、大きな仏になったり、小さな仏になったりする、だからお布施を多くせよ、という異義に対して、「この条、不可説なり、不可説なり」とかなり激しく否定しています。「そんな教えはどこにもない、あり得ない」と、力を入れて批判するさまが伝わってきます。

そもそも大きな仏や小さな仏という考え方自体が間違っていて、経典に書かれた仏の姿とは、私たちのために仮に現した姿である、と唯円は説きます。真実の世界を「真如・如・一如」などと言いますが、「如」とはこの現象世界の根元のようなもので、そこから姿を現してやって来るので、「如来」と言います。

如来と聞くと、何となく仏像のような阿弥陀仏をイメージしがちですが、阿弥陀仏とは、実のところ救済原理そのものです。私たちは拝む対象として、仮に仏の姿を定めていますが、いわば仮の姿ですから、大きな仏や小さな仏があるはずはないのです。「仏教にかこつけて、世俗的な欲望を満足させようとは、とんでもないやつらだ」という、唯円の荒い鼻息が聞こえてくるようです。

以上、駆け足で第十八条までを読み終えました。

〝リミッター〟としての『歎異抄』

いろいろと読み解いてきましたが、教えそのものはシンプルであることに気づかれたと思います。「本願を信じて念仏を申さば仏になる」――これで全部です。唯円は、そこから外れるもの――知らない初心者を脅かしたり、懺悔《さんげ》を迫ったり、学者ぶって間違った道へ人を導いたりするような――を一つひとつ、時には皮肉を込めて、時には自身の学問を駆使しながら、「間違った説が多い。悲しいことだ」と批判していきました。

この章の冒頭に触れたように、法然・親鸞の教えは広く各地に伝播します。親鸞自身は承元の法難に遭って、京都から日本海回りで新潟へ渡り、北関東を中心に活動したあと、太平洋側を通って京都に戻ってきますが、訪れる先々でグループができていきました。親鸞の往生後も、そうした土地から命がけで京都に訪ねてきて、真の教えを請う人たちが大勢いました。そんな彼らに対して、明瞭な指針と重要ポイントや問題点を示す必要もあったのでしょう。そんな背景のなかから生まれたのが『歎異抄』なのです。

唯円は『歎異抄』の後序の末文に、「外見あるべからず」（同じ教えを受けた人以外には見せないでください）と釘を刺しています。その意図は、奥義のように隠したいからではなく、この教えにある程度通達した人でなければ、かえって誤解を招く恐れがあったからでしょう。

『歎異抄』が実際に爆発的な影響力を発揮したという記録は残っていませんし、実際にはどれほど活用されたかも不明です。しかし、この書が「体系内のリミッター（暴走を抑制する装置）」としての性格を持っていることは間違いありません。

すでに述べたように、宗教という領域は社会とは異なる価値体系を持っています。だから、ときには反社会的行動にもつながります。しかし、安易にそこへと行ってしまわないようリミッターが設定されているのです。それが教義や教学であったり、先人の導きであったり、伝承や伝統様式であったりするのですが。『歎異抄』は親鸞の思想体系と呼応する形で成立したリミッターだったのではないでしょうか。『歎異抄』は、無義こそ義であると説き、教義・教学に捉われない態度を語っています。それと同時に、連綿と続く浄土仏教の鍛錬された体系を基盤としています。このあたりを見逃さないようにしなければなりません。実際に伝統宗教の体系は、実によくできているのです。

たとえば禅を実践すると、あるはずのないものが見えてきたり、あるはずのない音が聞こえてきたりします。ヘタをすると、それが神秘体験のように思い込んでしまいます。しかし、きちんとした指導者は、それはただの生理現象だから捨てていけ、と導いてくれます。そういったリミッターが設定されているのですね。自分勝手にやる誤った禅を「野狐禅《やこぜん》」などと呼びますが、きちんとした指導を受けないとリミッターが機能しません。

実はオウム真理教事件の際も、このことが思い浮かびました。オウム真理教は仏教各派・ヒンドゥー教・キリスト教などの体系のなかから、自分たちに都合のよい部分だけを切り貼りして教義をつくっていました。いろんな宗教のパッチワークをつくれば、ハイブリッドなすごい宗教ができあがるかと言えば、そうはなりません。逆に各体系のリミッターが効かず、暴走が始まる可能性が高くなるのです。

現代人は「今、自分が抱えている苦悩に都合がよい宗教情報を求めている」といった態度で、宗教を活用しようとする傾向が強いようです。これを「宗教の道具箱化」などと言ったりします。使える道具を道具箱のなかから選ぶような態度を指します。しかし、宗教を甘く見ていると、えらい目に遭います。宗教は簡単に日常を壊すほどの威力を持った領域です。やはり、まずは一つの体系を誠実に地道に歩むところから始めるべきでしょう。このあたりも、『歎異抄』を通じて考えてみましょう。

次章では、『歎異抄』の「後序」から宗教というものをしっかり考察してみましょう。

＊1　後半の八か条

第十一条　誓名別信《せいみょうべつしん》
第十二条　学解《がくげ》往生《おうじょう》（学芸ぼこり）
第十三条　専修賢善《せんじゅけんぜん》（本願ぼこりの批判）
第十四条　念仏滅罪《ねんぶつめつざい》
第十五条　即身成仏《そくしんじょうぶつ》
第十六条　回《え》心滅罪《しんめつざい》
第十七条　辺地《へんじ》堕獄《だごく》
第十八条　施《せ》量別報《りょうべつぽう》

＊2　一念義・多念義

往生の条件である念仏をめぐって対立する二つの立場のこと。念仏は一回称えるだけで極楽往生できるとするのが一念義。可能な限り数多く称えなければならないとするのが多念義。両説は法然門下で分かれた。

＊3　「愚者になりて往生す」

「故法然聖人は、『浄土宗の人は愚者になりて往生す』とさうらひしことを、たしかにうけたまはり候」（一二六〇年、親鸞八十八歳時の門弟宛消息。『末燈鈔』六）

＊4　アングリマーラ（央掘摩羅）

釈迦の弟子で、有名な仏教説話の主人公。——釈迦の時代にアングリマーラという、千人の指を次々に切り取っては、首飾りにしている極悪人がいた。この男が釈迦と出会い、弟子になる。そして釈迦に言われて、毎日、自分が悪事を働いた村に出かけ、人々に施しを乞う。彼はこの過酷な試練に死ぬような思いで耐える。そしてついに許されて施しを受ける。

＊5　浅原才市

一八五〇〜一九三二。島根の人。「わしが阿弥陀になるじゃない、／阿弥陀の方からわしになる。／なむあみだぶつ」。近代日本を代表する仏教哲学者・鈴木大拙は「法悦三昧、念仏三昧の中に仕事をやりつつ、ふと心に浮かぶ感想を不器用に書いた」浅原の「口あい」を、「実に不思議な宗教的情操の発露」として高く評価した（『日本的霊性』）。

＊6　十悪・五逆

十悪は、身業（身体についての悪なる行い）・口業（言葉についての悪なる行い）・意業（心のなかの悪なる行い）の三業からつくりだす十種の悪行をいう。五逆は仏教では最も重い罪となる行いで、犯した者は無間地獄（地獄の最底部にあり、最も恐ろしく、苦痛の大きな地獄）に落ちるとされる。それぞれ、左の要素から成る。

■十悪
一、殺生《せつしよう》　二、偸盗《ちゆうとう》　三、邪淫《じやいん》　四、妄語《もうご》
五、両舌《りようぜつ》　六、悪口《あつく》　七、綺語《きご》　八、貪欲《とんよく》
九、瞋恚《しんい》　十、愚痴《ぐち》

■五逆
一、父を殺すこと
二、母を殺すこと
三、阿羅漢（聖者）を殺すこと
四、仏の身体を傷つけて出血させること
五、教団の和合一致を破壊し分裂させること

＊7　真仏

一二〇九～五八。常陸稲田で親鸞に教えを受け、師の帰京後は高田（栃木県真岡市）の如来堂（のち専修寺）を拠点に高田門徒とよばれる集団を形成。これが高田派教団（現・真宗高田派）となる。

＊8　了源

一二九五～一三三六。真仏の弟子源海の系統、佛光寺七代とされる。本願寺第三世覚如の子・存覚に師事、名帳・絵系図などを使っての布教で門徒を増やし、佛光寺教団（現・真宗佛光寺派）の礎を築いた。

＊9　鈴木大拙

一八七〇～一九六六。明治～昭和期の宗教哲学者。金沢生まれ、（東京）帝国大学哲学科卒。

二十代で渡米、「禅と日本文化」などにより、大乗的な仏教思想、特に禅の普及につとめた。帰国後も東洋的叡智に立つ文明論を発表。著書に『禅の第一義』『東洋の心』『真宗入門』など。

＊10　ソクラテスとプラトン

ソクラテス（前四六九〜前三九九）はギリシアの哲学者。著書はなく、問答を通じて人々に自己の無知を自覚させ、真理と徳の探求に向かわせた。プラトン（前四二七〜前三四七）は青年期にソクラテスに学び決定的な影響を受ける。師の死後、三十冊を超える対話篇を執筆、そのほとんどにソクラテスを登場させ、師の思想を伝えた。

＊11　即身成仏

人間の行為である三業（身業・口業・意業）と仏の行為である三密（身密・口密・意密）を合致させる修行が「三密加持」。行者が印を結び、口に真言を唱え、心に本尊を観じる修行で、これにより大日如来と一体になることで、この身のまま仏になるのが即身成仏。

＊12　三十二相・八十随形好

仏が身体に具えている三十二の特徴的な形相と、微細隠密な八十の特徴。両者を合わせて「相好」という。たとえば三十二相には眉間白毫相（眉間に右回りに渦巻く白毛があり、光を放っている）、手足指縵網（手足の指の間に水かきがある）、八十随形好には「耳たぶが垂れ下がり穴がある」「足の裏は扁平で輪形の模様がある」などがある。

＊13　浄土真宗

この場合は宗派名ではなく、「往生浄土の真実の教え」という意味。親鸞が真宗・浄土真宗という場合はすべて、法然（源空）によって明らかにされた浄土宗の「真実の教え」を指す。

＊14　『愚禿鈔』

一二五五年、親鸞が八十三歳の撰述だが、記述内容から『教行信証』成立（一二二四）以前のメモ的な性格を持つとされる。扉には「賢者の信をききて、愚禿が心をあらはす」と書かれている。愚禿は越後流罪後の親鸞の号。

＊15　「前念命終　後念即生」

原文「本願を信受するは、前念命終なり。（略）即得往生は、後念即生なり」。前段は「自力のはからいが死ぬこと」の意。後段は「本願他力の中によみがえり、摂取不捨の光明に照らされ、如来に護念される身となった」の意。すなわち仏になることに決定している正定聚の機として新しい如来の「いのち」をたまわったことをいう。

＊16　源信

九四二～一〇一七。平安中期の天台宗の学僧。恵信僧都。『往生要集』は、諸経論のなかから浄土に関する要文を集めて体系的に論じ、念仏往生の教えを明らかにした著。日本浄土仏教の祖として、真宗七高僧の第六祖とされる。

＊17　果遂の願（第二十願）

法蔵菩薩［阿弥陀仏］の立てた四十八願中の「第二十願」。ここで菩薩は、すべての衆生が自力でさまざまな功徳を積むことをもって真実の浄土に生まれたいと願うなら、その願いを「果遂せずんば、正覚を取らじ」と誓う（『無量寿経』）。

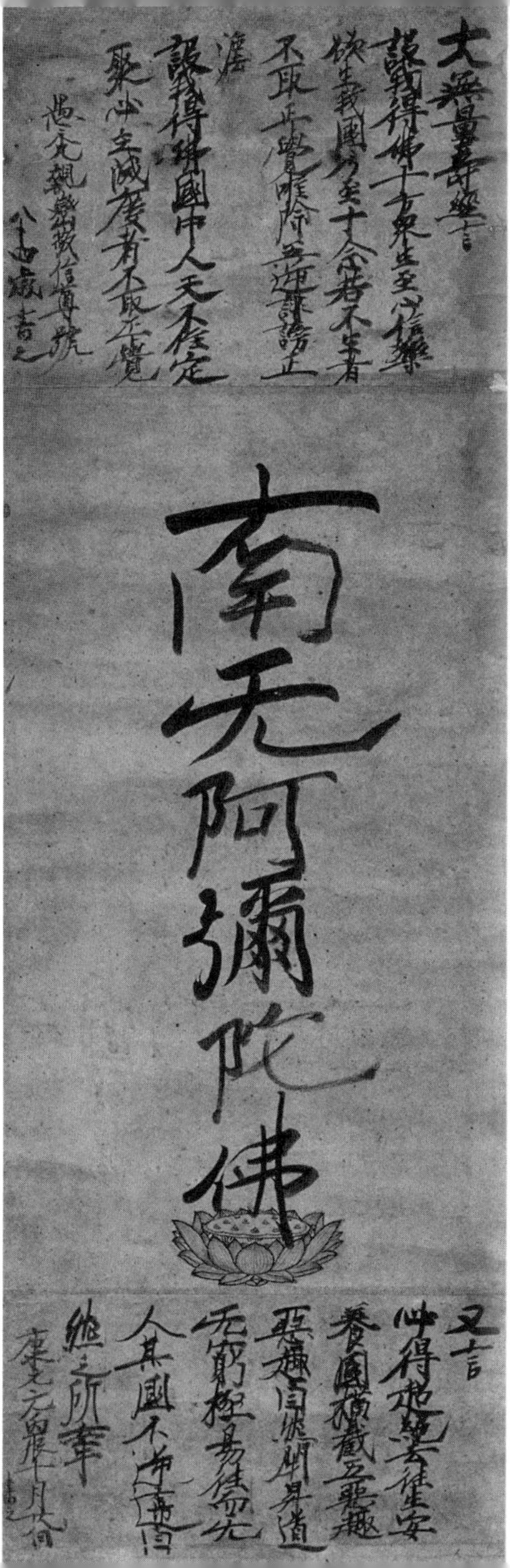

第4章——人間にとって宗教とは何か

「信心」は一つである

『歎異抄』を、序文から第十八条まで読み終えました。本章では、あとがきにあたる「後序」を読み解いていきましょう。

最初の一文は、「右条々《みぎじょうじょう》は、みなもつて信心の異なるよりことおこり候ふか」（これまで述べてきた誤った考えは、どれもみな真実の信心と異なっていることから生じたものかと思われます）となっています。ここまで見てきた第十一条から第十八条のような異義がなぜ出るかと言えば、「彼らの信心が、他力の信心と異なるからだ」と唯円は言います。そして、「故聖人（親鸞）の御物語《おんものがたり》」（親鸞から聞いたエピソード）を披露します。

法然にはたくさんの弟子がいましたが、内部ではいくつかの論争が起きています。いちばん大きな論点だったのが前出の「一念義と多念義」（念仏）の問題ですが、ここでは信心の問題が出てきます。紹介されているエピソードは今日、「信心一異の論争」などと呼称されています。登場人物は、法然の高弟である勢観房《せいかんぼう》と念仏房《ねんぶつぼう》、そして親鸞です。勢観房は、第2章で触れた源智のことで、この人は法然の臨終でもそばに付き添っていました。法然の遺言でもある名文「一枚起《き》請文《しょうもん》*1」は、源智の要請によって書かれたものです。念仏房は念阿弥陀仏*2のことで、この人は嵯峨を中心に広く教化活動を行いました。その両者の前で、後輩の親鸞が「自分の信心も法然さまの信心も一緒である」と、並み居る優秀な兄弟子たちに向かって言い放ったのです。源智たちは気色ばんだことでしょう。「そんなバカなことがあるか」と反論します。そのときの親鸞の言い分は、「智慧や学識で信心が決まるのであれば、もちろん私は法然さまの足元にも及ばない。しかし仏様よりいただく信心なのだから同じ一つのものである」となります。それでも納得できない源智たちが法然に直接尋ねます。すると法然は、自分の信心も親鸞の信心も「如来よりたまはりたる信心」であって変わりはない、と親鸞を支持しました。

　この部分を読むと、親鸞思想の大きな特徴がわかります。普通に考えれば、信心や信仰は自分が起こすものです。ところが親鸞は、如来からのたまわりものだと言うのです。親鸞にとって信心は浄土往生の正因（信心が決定したとき、往生も定まる）ですから、真実の心であり、誠の心であり、仏性（仏と成る本性）なのです。しかし、自分のなかにそもそも真実の心などはないとする親鸞は、信心は如来によって回施《えせ》（回向）されるものとなります。

　親鸞が、近代人からしばしば「絶対他力の思想」と言われる所以《ゆえん》がここにあります。念仏も信心もすべて他力の道筋へと転換しています。また、後序にこのエピソードを持ってくるところに、唯円の高い構成力が表れていますね。法然や親鸞の説く他力の信心を、具体的な事例を挿入することで、きちんと示しています。

「大切の証文」とは何か

ここで思い出していただきたいのが、第1章の冒頭でお話しした『歎異抄』の謎についてです。唯円は、この後序で「いづれもいづれも繰り言《ごと》にて候へども、書きつけ候ふなり」（どれもみな同じことの繰《く》り返しではありますが、ここに書きつけておきました）と、『歎異抄』がつねに同じテーマを巡って書かれていることに一言ことわりを入れていきます。確かに、同じような問題を繰り返し説く場面もありますね。さて、そのあとに出てくるのが以下の文です。

かまへてかまへて、聖教《しょうぎょう》をみ、みだらせたまふまじく候ふ。大切の証文《しょうもん》ども、少々ぬきいでまゐらせ候うて、目やすにして、この書に添へまゐらせて候ふなり。

（くれぐれも注意して、決して聖教を読み誤ることがあってはなりません。そこで、大切な証拠の文となる親鸞聖人のお言葉を、少しではありますが抜き出して、箇条書きにしてこの書に添えさせていただいたのです。）

この「証文」がいったい何を指しているのか。それが、今もはっきりわかっていません。主な説が四つあります。第一が、もともと『歎異抄』には何か証文が添付されていたが紛失したという説。第二が、私たちが『歎異抄』の前半としている第一条から第十条までを分離して「証文」とする説。第三が、引用文のすぐあとに出てくる「聖人の仰せ」であるという説。第四が、末尾に付けられた「流罪記録」だとする説です。

『歎異抄聞記《もんき》』[3]で、著者＝唯円説を唱えた江戸時代の学僧・了祥は、この「証文」が『親鸞聖人血脈文集《けちみやくもんじゆう》』[4]と関係があると考えたようです。『血脈文集』自体は、『歎異抄』より後の成立なので、ここで言う証文でないことははっきりしていますが、この書のもととなった文章や手紙があり、そのなかには善鸞義絶事件についての手紙や流罪記録も入っていますので、それらを「証文」として添付したのではないか、と述べています。

その「流罪記録」については、そもそもなぜ『歎異抄』に付いているかが不明なので、これこそが「証文」と考える人もいます。二〇一五年に亡くなった古田武彦[5]などがこの説で、古田は、親鸞という人物がいかに法然の正統の後継者であるかを示すために、「流罪記録」が付されたと考えました。当時、法然グループの中心的な高弟であった証空[6]や弁長[7]といった人たちは流罪になっていません。親鸞が流罪になった理由は、実は親鸞こそが法然の教えを正統に引き継いだからで、それを証明するために「流罪記録」が『歎異抄』に添付されたと捉えたのです。

では、「聖人の仰せ」についてはどうでしょうか。これは後序にある二つの「仰せ」を指しています。

弥陀の五劫思惟《ごこうしゆい》の願《がん》をよくよく案ずれば、ひとへに親鸞一人《いちにん》がためなりけり。

（阿弥陀仏が五劫もの長い間思いをめぐらしてたてられた本願をよくよく考えてみると、それはただ、この親鸞一人をお救いくださるためであった。）

善悪のふたつ、総じてもつて存知《ぞんじ》せざるなり。

（何が善であり何が悪であるのか、そのどちらもわたしはまったく知らない。）

この二つは、親鸞がつねづね口にしていたことであり、これこそが「証文」だというのが第三の説です。

それぞれに説得力がありますが、私が支持したいのは第二の説です。これは、『歎異抄』は第一条から第十条の親鸞の語録（師訓篇）と、それ以降の唯円による解説（異義篇）に分かれていて、その前半部分を「証文」とする、というものです。すでに見てきたように、第十条の後半を「中序」と考えることで、その構成がはっきりします。前半が添付された「大切の証文」で、後半こそが『歎異抄』そのものである――そう考えると、書物の成立意図もタイトルもしっくり理解できる気がします。

「親鸞一人がためなりけり」

ところで、後序に出てくる「聖人の仰せ」は確かに見過ごすことのできない光を放っています。宗教の本質をズバリと言い当てているような言葉です。

「弥陀の五劫思惟の願をよくよく案ずれば、ひとへに親鸞一人がためなりけり」――。しびれます……。阿弥陀仏は私を救うために存在する、と言うのです。

「悪人こそが救われる」という教えは私のためにある、それが親鸞のリアルな実感でした。それほど自分自身の煩悩は深いものであるといった自覚と、よくぞこの道があってくださったという喜び、両方が一度に表現されています。よくぞこの教えに出遇えたものだ、そんな思いもあったと思います。

ここで、第3章の終わりに少し触れた宗教的態度についてお話ししたいと思います。

現代人は、自分の苦悩に合った宗教情報を集めるというような態度で宗教に接していますが、それは宗教情報の消費でしかありません。情報である以上は、新しいものが古いものを追いやり、更新され、また消費されていきます。ですからヘタをすれば、次から次へと情報を求めて迷うばかりで生き方を定められないといった、本来の宗教の役割と正反対のことが起きてしまいます。

たとえば、「終活」という、自分の終末に関する活動があります。私たちは若い時分から「就活」して、「婚活」して、ついには「終活」して死んでいく。「終活」をすることは、ある意味、現代社会からの要請のようなものです。とくに、終末医療の問題や契約関係の問題が大きいですね。たとえば、胃ろうや人工呼吸器や蘇生処置などの延命治療は、自分の意思を表明しておかねばならなくなっています。また、私たちは想像以上にいろんなところと契約して暮らしています。これも遺された人たちが困らないように意思表明する必要がある。だから、「エンディングノート」などを作成することになります。私たちは今、そんな社会を生きているのです。

「終活」が、現代社会を生きる人間にとって必要な行為であることは理解できますが、それで「救われる」とは思えません。では、「救い」に直結するものとは何かと言えば、大きな意味での「物語」だと思います。私の人生も一つの物語であり、宗教の体系もある意味では物語です。来世の問題も、壮大な生命の物語です。物語というのは、情報と違って一度出遇ってしまうと、出遇わなかった以前にはもう戻れない――という性格を持っています。

たとえば、「トイレの怪談」を聞いて一度怖いと感じてしまったら、その晩からトイレに行くのが恐くなってしまうということがあります。昨日までは普通に行けたはずなのに、その物語に出遇ってしまったがために、自分のあり方が変わってしまう。卑近な一例ですが、物語にはそれだけの力があります。

宗教の物語も同じです。情報であれば、自分で操作することが可能です。しかし物語は、自分のありよう自体が問われることとなります。生き方を変えざるを得なくなる。現代人も、どこかで身も心もおまかせできるような救いの物語を求めているのではないでしょうか。そして、ある物語に出遇って、「ああ、これは私のために用意されていた物語だ」「もう他の物語では代替できない」となったとき、私たちは救われるのです。親鸞の「弥陀の五劫思惟の願をよくよく案ずれば、ひとへに親鸞一人がためなりけり」という言葉は、このことを端的に表しています。この言葉は『歎異抄』における数ある金言・箴言のなかでもピカイチのものだと私は思います。自分のための教え、自分のために準備された物語に出遇う喜び、そして「救い」――。この一文には、救済型宗教の根幹の部分があると思います。

第二条では、「釈尊、善導、法然、そして私へと教えがつながってきた」と語る親鸞が描写されていました。連綿と続く教えが、「よくぞ途切れることなく、私のもとまでつながってくださった」といった思いも親鸞にはあったことでしょう。親鸞は八十歳を過ぎてから、「和讃」と呼ばれる日本語の歌を五百首以上もつくっていますが、そのなかでもっともよく知られている和讃は、次のものでしょう。

如来大悲《だいひ》の恩徳《おんどく》は　身を粉《こ》にしても報ずべし
師主《ししゅ》知識の恩徳も　骨をくだきても謝すべし

これは「恩徳讃《おんどくさん》」[*8]と呼ばれ、和讃にメロディーがつけられたものです。今日、浄土真宗門徒たちがひんぱんに歌唱します。もともとこの和讃は、親鸞が尊敬していた兄弟子・聖覚[*9]が法然に捧げた歌を下敷きとしています。「阿弥陀如来の恩・徳には、身を粉にしても報いていこう」とは、激しい表現ですね。「師主・知識」とは、私を導いてくださった先輩諸師のことです。親鸞にとっては、お釈迦様、龍樹、天親、曇鸞、道綽《どうしゃく》[*10]、善導、源信、そして法然や聖徳太子などを挙げることができるでしょう。これらの先輩の導きや恵みは、我が骨を砕くような思いで感謝し喜んでいかねばならない。この和讃も、はるか古代から続く途切れることのなかった教えのパスが、私へと届けられた、そして出遇うことができた、そんな心情を歌ったものに違いありません。

「聖人の仰せ」のもう一つ、「善悪のふたつ、総じてもつて存知せざるなり」にも触れておきましょう。

ここでは、「世間の善悪でなく、仏の目から見た善悪は、とても自分にはわからない」という、親鸞の立ち位置が表れています。親鸞は、もちろん仏教をきちんと勉強していますから（比叡山で二十年も修行・学問しています）、仏教で説く善悪の意味は理解していました。しかし、それが本当に仏の目から見たときにも真の善か真の悪なのかはわからない。人間である自分は、何を見ても自分の都合というフィルターを通して考えてしまうものだから——というわけです。

親鸞が敬慕していた聖徳太子の教えにも、「世間虚仮《せけんこけ》 唯仏是真《ゆいぶつぜしん》」＊[11]（この世のものは偽物であって、ただ仏の教えのみが真実である）という言葉があります。親鸞はこの影響を受けて、「ただ念仏のみぞまこと」と言っていたのでしょう。間違いなく真の善と言い切れるのは、念仏の教えだけである——。まるで実存主義哲学者のような態度ですね。ここもまた、近代知性が『歎異抄』を通じて親鸞を再評価した理由でしょう。

実は、先年往生された私の仏教の先生もよく「世間のことが偽物に見えてくるようにならなければいけない」とおっしゃっていました。なかなか先生の教え通りにはいきませんが……、おりにふれてこの言葉を思い出します。これもやはり「世間虚仮　唯仏是真」から来ている言葉だろうと思います。私自身が自分の課題として、今もずっと持ち続けているものです。

「宗教儀礼」という装置

ここで、また少し横道にそれるのですが、「宗教儀礼」という問題について考えてみたいと思います。

現代社会では、技術の発達によって移動に要する時間が短縮され、作業や家事などに費やす時間も短くなりました。そうであれば、現代人は昔よりもずっと余裕のある生活をしていてしかるべきなのに、逆に昔よりずっと忙しく感じてしまっている気がします。それはなぜでしょうか。その理由は、それだけ現代人の時間が収縮しているためではないでしょうか。外在的な時間をいくら余らせても、内在の時間が収縮しているので、気持ちは忙しくなる一方です。これが現代人の苦しみの原因の一つだと私は考えています。

内在の時間が萎縮すると、イライラしたり、せき立てられたり、キレやすくなる。短い時間に生きているので、ちょっとしたことが辛抱できなくなる。逆に大きな流れの時間のなかで生きていると、些細なデコボコは気にならなくなります。萎縮した内在的な時間をどう延ばしていくかは、現代人が真面目に考えなければならない問題です。

十年ほど前に東京・秋葉原で多くの人を巻き込んだ通り魔殺傷事件がありました。この事件の犯人は、日常と犯罪とのグラデーションが異様に短いように感じました。極端に針が振り切れる感じです。おそらく、収縮した時間のなかでイライラを募らせていたのでしょう。インターネットの掲示板に意見を載せ、すぐにコメントの書き込みがないと、すごく荒れたりしたようです。事件を起こす直前は、自分が書いた掲示板に、自分で返事をするという状態だったそうです。

古来、人類にとって内在的な時間を延ばす最大の装置は「宗教儀礼」です。たとえば、五十年も六十年も前に亡くなった親族のために法事を営むことで、大きな時間の流れのなかに我が身をおくことができます。内在時間は少しずつ延びる。たいていの宗教儀礼というのは、意味がよくわからない。現代人は意味不明の場に身をおくのが苦手になっています。でも、そういった場に身をおくことで、内在時間は少しずつ延びていくのです。

宗教儀礼は、やらないで済まそうと思えば、やめることも可能です。だいたい面倒ですからね、やらなくても済むことをするというのは。しかしそもそも人生において大切なことは、たいてい面倒くさいものなのです。葬儀や法事といった死者儀礼、成人式や結婚式といった人生儀礼、こういうのも内在時間を延ばします。とくに成人式・結婚式・葬儀は、人類の三大通過儀礼と呼ばれています。人類は旧石器時代の昔から、状態が変わるたびに宗教儀礼を行ってきました。子どもから大人へ、こちらの共同体からあちらの共同体へ、移行を伴う際には通過儀礼を営んだのです。新たな権利を手に入れたら、代わりに新たな義務も生じることを認識させる――そうした宗教的儀礼の機能は、これからの日本社会を考えるうえでも再考すべき課題でしょう。

なぜ『歎異抄』は読み継がれるのか

それでは、『歎異抄』に戻りましょう。

これまで述べてきたように、唯円はとても戦略的に構成を組み立て、読み手の思考の枠組みを揺さぶり解体するような言葉を駆使し、異義への歎きを表現しました。単に「これが正しいのだ」と強弁するのではなく、間違った説の方向修正を意図して、見事なレトリックを用い、気づきを誘発するような書物に仕立てあげたのです。そして、おかしな方向へと進まないようなリミッターを体系内に設定しました。それが『歎異抄』

です。

異論・異義の人々に対して、上からの目線で、権威をもって裁くといった態度ではない。同じ道を歩む仲間として、異義に偏執してしまう人を「ああ、悲しいなあ」と思う態度が基本なのです。

また、興味深いことは、この書物をうまく読み解くためには近代知性が必要だったという点です。逆に言えば、私たち現代人が宗教について真面目に向き合う際、『歎異抄』はとても貴重なテキストであるということです。

第九条には親鸞の生々しい語りが記載されていますが、なかなか宗教に身をまかせることのできない現代人の心に響くところがあります。親鸞には、この世にしがみつく苦悩と、そんな私こそが救われる喜びが同居しています。浄土という「帰る世界」があるからこそ、この苦難の人生を精一杯生き抜くことができる。帰る家があるからこそ、夢中で遊ぶ子どものようです。

私たちは自分のものさしで社会や人を計りながら暮らしています。しかし、仏のものさしと出遇えば世界が一変します。『歎異抄』には、このような大転換が随所に述べられています。しかも、本物の言葉がちりばめられているのです。本物の言葉は心身に潜み、絶体絶命のときに浮上します。だからこの書が読み継がれて行くのでしょう。

「流罪記録」、そして宗教とは――

最後に「流罪記録」にも目を通しておきましょう。「流罪記録」には、僧侶としての名前を奪われ、藤井善信《よしざね》という名前となった三十五歳のときの親鸞の姿があります。流罪以降、親鸞は自らを「僧にあらず俗にあらず（中略）愚禿親鸞」と称するようになりました。「非僧非俗」です。ここに流罪以降の親鸞の立ち位置があります。

「半僧半俗」という存在は、世界各地の仏教にも見ることができます。ただ、この「半僧半俗」がとても多様で豊かなところに、日本仏教の特性があると言えます。たとえば、聖《ひじり》、沙弥《しゃみ》、毛坊主《けぼうず》*[12]などといった、俗人のような僧侶のようなマージナルな存在は日本史上に数多く登場します。仏法を説いたり、呪術者の役割を担ったり、芸能民であったりと、とにかく多様です。とくに、日本の芸能を考察する場合、この半僧半俗の人たちに注目せねばなりません。

親鸞が自分の生き方のモデルとした教信*[13]も沙弥です。沙弥とは本来、正式のお坊さんになる手前の見習いを指しますが、ここでは半僧半俗という存在と考えていいでしょう。教信は『今昔物語集』*[14]や『日本往生極楽記』*[15]にその存在が少しだけ描かれているものの、詳細はよくわかりません。興福寺で僧侶として修行していましたが、何があったのかそれをやめてしまい、播磨（現・兵庫県）の加古川近辺で家族と共に暮らし始めます。普段は人の荷物を運ぶ手伝いなどをしながら生計をたて、家族みんなで念仏しながらの日々を送ります。おそらく、村人が亡くなったら、ボロボロの法衣を着て葬送を担当することもあったでしょう。いつも念仏しているので、近所の人は阿弥陀丸というあだ名をつけていたそうです。

この教信こそ自分の理想だ、そう親鸞は語っていました。親鸞も、罪人となって僧籍を剝奪され、家庭を持ちながら念仏者として人生を生き抜きました。そして親鸞は自分の立ち位置を「非僧非俗」と表現したのです。――僧侶でもなく俗人でもない――二重否定ですね。どちらにも着地しない、宙吊りのようなポジション。とても親鸞らしいと感じます。私などは、半僧半俗の生き方ならできそうな気がしますが、非僧非俗はとても無理だと思います。そこには親鸞独特の厳しさがあります。やはり一筋縄ではいかない人です。僧でもなく、俗でもない、では何者なのか。一人の「愚かな人間」（愚禿）だ、そう名乗っているのです。

そういえば、鈴木大拙が『日本的霊性』のなかで、「親鸞は流罪になったことで大地性を手に入れた」と論じました。罪人として額《ひたい》に汗して畑を耕し、農民や特殊技能民たちと一緒に暮らしていくなかで、親鸞の思想は鍛錬されたという意味ですが、たしかにそうした面もあったかもしれませんね。

私は、平成二十三年（二〇一一）に東日本大震災が起きたとき、やはり『歎異抄』の語りを思い浮かべました。私たちは通常、漠然と「この日常がずっと続く」ことを前提として暮らしています。しかし、日常の実相はあまりに脆《もろ》く、儚《はかな》いものです。どれほど誠実に、真面目に日々を送って暮らしていても、あっという間にすべてが崩れ去ってしまうことがあるのです。

『歎異抄』第四条に、「いかにいとほし不便《ふびん》とおもふとも、存知《ぞんじ》のごとくたすけがたければ、この慈悲始終なし」という一節があるのは、第1章ですでにご紹介したとおりです。「どんなに愛おしい相手でも思いのままに助けることはできない。慈悲は完全ではない。だから念仏だけが慈悲の心なのだ」と説くこの条が、決して思い通りにはならない日常の本質を引き受けて、それでもなお生きよ――と、語りかけている気がしたのです。

日本仏教はとても情緒的な部分を備えています。私は震災のときに、さまざまな宗派の宗教者と語り合いました。ユダヤ教の人やキリスト教の人とも話しました。上座部仏教[*16]の人たちともお話ししました。彼らから「ブッダは二千五百年も前に、この世は無常だと言っているではないですか。そんなにおたおたすることはありませんよ」と教えてもらいました。もちろん、その通りです。それを説くのが仏教です。それが誠実な仏教者の語るべきことです。

ただ、その一方で、日本仏教は〝一緒に泣く〟ようなところがあります。はかないから愛おしい、脆いからこそ美しい、そんな宗教的メンタリティがあります。ずいぶん情緒的でウェットな話なのですが、こういった日本仏教の性格は私の好きなところです。あの大震災に直面したときに、あらためて確認することができました。

どんなことがあっても離したくなかった手、それが離れてしまった瞬間、二度とわが子に会えなくなってしまった人たち、親に会えなくなった人たち……。そんな人たちがたくさんいました。第四条の「この慈悲始終なし」の言葉が重く響きます。

私たちに何ができるのでしょう。不完全なことしかできません。しかし、そのことを本当に徹底的に自覚したとき、なに一つできないことがわかったとき、「私は何をするのか」それを突きつけてくるのが第四条なのではないか。そんな味わいが浮上してきました。

法然・親鸞以前の日本の阿弥陀仏信仰は、阿弥陀様に来世をお願いして、臨終になれば阿弥陀様がお迎えに来てくださる、といったものが主流でした。お迎えに来てくださる仏としての阿弥陀仏信仰は、今日も根強いものがあります。

しかし法然・親鸞は、「今・ここで、自分自身のあり方が問われる」といった他力の仏道を構築していきました。そしてそれは弱者の仏道・愚者の仏道として、それまでの仏教を再構築することとなったのです。

『歎異抄』は、そんな他力の仏道を歩む人のための書物ではありますが、同時に、私たちの現実の姿をごまかすことなく浮き彫りにしてくれます。善とは何か、悪とは何か、慈悲とは何か、救いとは何か、そして私の本性とはどのようなものなのか、それがわかったうえで私は何をするのか、こういった問いかけが喉元に突きつけられてくるような書なのです。これからも人々は繰り返し『歎異抄』を求め続けるに違いありません。

＊1　一枚起請文

一二一二年二月、法然が死の二日前に勢観房源智の懇請により書き与えた遺言ともいうべき起請文。二百字あまりの短文に、念仏のエッセンスと念仏者の心構えが凝縮されている。「たゞ往生極楽のためニハ、南無阿弥陀仏と申て、疑なく往生スルゾト思とりテ、申外ニハ別ノ子さい候ハず」（部分）

＊2　念阿弥陀仏

一一五七〜一二五一？　略して念阿弥・念阿とも。天台の学僧から法然に帰依。嵯峨の釈迦堂（清涼寺）を再興し、その隣に往生院を開創したと伝えられる。

＊3　『歎異抄聞記』

江戸後期の学僧・妙音院了祥による歎異抄の注釈書。著者の病没で未完に終わったが、著者唯円説や構成の解明、各章への命名など、歎異抄研究に画期をなした書。

＊4　『親鸞聖人血脈文集』

親鸞の消息集（書簡集）。全五通のうち三通は他の消息集と重複、本書簡集だけに見られるのは、善鸞義絶のことを伝えた書簡、鎌倉での訴訟の終了を喜ぶ書簡の二通。いずれも性信（親鸞に師事し、常陸・下総で活動した僧）宛のもの。

＊5　古田武彦

一九二六〜二〇一五。福島県生まれ。古代史、親鸞を中心とする中世思想史を専攻、峻烈な通説批判で知られた。『「邪馬台国」はなかった』『俾弥呼』『親鸞思想』『わたしひとりの親鸞』など。

＊6　証空

一一七七〜一二四七。浄土宗西山派の祖。貴族の子だが、十四歳で一介の僧法然に入門、『選択集』撰集を助けるなど一門に重きを占めた。承元の法難では、前天台座主の慈円に預けられ実刑を免れ、師の没後は京都西山に拠点を移す。その門流が西山派を形成。

＊7　弁長
一一六二〜一二三八。浄土宗鎮西派の祖。鎮西（九州）の筑紫国（福岡県）生まれ。九歳で出家。比叡山で学ぶが、のち法然の門下に入る。一二〇四年、鎮西に帰り、終生ここで教化にあたる。弟子の良忠が法然教団を統一したため、弁長を継ぐ鎮西派が浄土宗の主流となった。

＊8　恩徳讃
一二五八年、親鸞八十六歳のときに成立した「正像末和讃」（五十八首）の最後に置かれた一首。この和讃群は、正・像・末の三時を貫いて弥陀の本願のはたらきが強まり、末法濁世の衆生もことごとく浄土に導かれる功徳を讃えたもの。

＊9　聖覚
一一六七〜一二三五。鎌倉初期の僧。藤原氏の出身で、仏教教理を説き鼓吹する唱導（安居流）の名人。初め比叡山で学ぶが、のち法然に帰依し、浄土宗の布教に努めた。親鸞は聖覚の著『唯信鈔』の注釈書『唯信鈔文意』を著している。

＊10　道綽
五六二〜六四五。隋・唐時代の中国僧。浄土教の祖師。浄土五祖の第二祖で、真宗七高僧の第四祖とされる。小豆で数を数える「小豆念仏」をすすめた。著書に曇鸞の『浄土論註』を継承した『安楽集』がある。

＊11　「世間虚仮　唯仏是真」
聖徳太子の没後、その妃・橘大郎女が推古天皇に、太子の遺語として伝えた言葉（『上宮聖徳法王帝説』所引「天寿国繡帳銘」）。世間・虚仮は仏典に用例が多いが、この形の成句は仏典に出典がなく、太子が自らの思想を吐露した創作句という。

＊12　聖、沙弥、毛坊主
「聖」は、寺院に所属せず山中などにこもって修行する行者や、全国を巡って勧進・乞食など

をして修行する僧など。「沙弥」は、出家はしたが具足戒を受けて正式な僧になる前の者や、僧形にありながら妻帯して世俗の生活をしている者など。「毛坊主」は、髪を剃らず妻帯した俗人だが、葬儀のときなど僧の代わりを務めた者。

＊13　教信

?〜八六六。平安時代前期の沙弥。興福寺で法相宗を学んだが、のち賀古（兵庫県加古川市）に隠棲、妻帯し子をもうけ、「年来念仏を唱へて往生」した（『今昔物語集』）。親鸞は教信を讃仰し、「我はこれ賀古の教信沙弥の定なり」（覚如『改邪鈔』）と言っていたという。

＊14　『今昔物語集』

説話集。平安末期（十二世紀前半）成立。インド・中国・日本三国の仏法・世俗の説話千余話を収める。書名は全話が「今昔（いまはむかし）」で起筆されることに因む。

＊15　『日本往生極楽記』

平安中期（十世紀末）に慶滋保胤（文人、晩年は出家して浄土信仰に生きた）が著した往生者の伝。四十五人の僧・尼・俗人を収める。

＊16　上座部仏教

仏教分類の一つ。釈迦の死後百年を過ぎた頃から原始仏教教団は分裂を始め、上座部・大衆部など二十ほどの派に分かれた。上座部の上座とは僧侶の序列で上位にある高僧との意で、比丘（男性出家者）の聖性を重視する。主としてアジア南方に伝わったため、南伝仏教ともいう。現在のタイ・ミャンマー・カンボジア・スリランカなどの仏教はこれである。

ブックス特別章

さらに深く親鸞思想を知る

師・法然とのかかわり

この章では、もう少し親鸞思想を掘り下げてお話ししようと思います。そこで、親鸞の主著である『顕浄土真実教行証文類（教行信証）』や「御消息（手紙）」なども視野に入れて見ていきましょう。

まず師・法然との関係です。

親鸞は法然を勢至菩薩[*1]の化身だと信じていました。親鸞の妻である恵信尼《えしんに》[*2]の手紙からも、そのことがうかがえます。現在、恵信尼の手紙は十通発見されています。いずれも親鸞の往生後に、恵信尼から末娘の覚信尼へ出された手紙です。そのうち第一通目と第二通目は譲り状なので、内容的に見るところはありません。そして、第三通目に注目すべきエピソードが綴られています。恵信尼がある夢を見たというのです。

その夢のなかでは、ひとつのお堂が建っています。お堂には鳥居のようなものがあり、二幅の仏様の絵像がかけられてありました。そこで恵信尼は、「あの仏様は、どなたですか」と尋ねます。すると、「一人は勢至菩薩であり、法然上人です。もう一人は観音菩薩であり、善信さま（親鸞聖人）です」と教えられます。このような夢を見たので、恵信尼は目が覚めてから、夫である親鸞に「法然上人が勢至菩薩だという夢を見た」という部分だけ伝えます。そうすると、親鸞は「その夢は真実だ」と答えたそうです（恵信尼は「親鸞が観音菩薩だった」との部分は話さなかったのです。そして、そのことを親鸞が往生してから末娘に手紙で告げているわけです）。

恵信尼の夢のエピソードからも、親鸞が法然を勢至菩薩だと観ていたことがわかります。親鸞は、聖徳太子を観音菩薩の化身、法然を勢至菩薩の化身だと信じて暮らしていました。

本章のテーマは、この法然の教えから派生した〝一念義〟と〝多念義〟の問題です。ここにまつわる論点を取り上げていきます。これは『歎異抄』を理解するうえでも一助となります。一念義とは「一声の念仏を称えれば救いは確定する」とする立場、多念義とは「生涯にわたって数多くの念仏を称える」とする立場です。

すでに述べましたように、『歎異抄』で取り上げられている異義は、大別すると「造悪無礙」（悪事をしても何の障害にもならない）と「専修賢善」（ひたすら善を積まなければいけない）になります。そして、前者が〝一念義〟系の主張、後者が〝多念義〟系に多く見られた主張ということもお話ししました（七一ページ〜参照）。この部分がわかると、さらに『歎異抄』への理解が深まるはずです。

また、親鸞特有の仏典の読み方や、還相廻向《げんそうえこう》などにもふれることで、親鸞の念仏と信心について述べていきます。

よきひと（法然）の仰せ

親鸞の師である法然は、念仏についてどのように説いていたのでしょうか。法然自身は、一日に六万回から七万回の念仏を称えたと言われています。まさに専修念仏（ただひたすら称名念仏を実践する）の道です。この姿勢を見ると、多念義系の人たちの主張もうなずけます。ただ法然は「たとえ一度の念仏でも救われる」とも説くのです。法然の念仏は「一度の念仏で往生できると信じて、生涯を通じて念仏せよ」というものでした。ここには法然思想の懐の大きさを見ることができます。またこの振幅が、門下の多念義主張や一念義主張の差異を生み出したわけです。
『歎異抄』「第二条」でもわかるように、「よきひと（法然）の仰せをかぶりて、信ずるほかに別の仔細なきなり」が親鸞の立脚点です。そもそも親鸞が『教行信証』を書いたのも、仏教という構造のなかで法然思想の正当性を証明しようとしたからだと思います。なにしろ『教行信証』には、法然の主著である『選択集』をほとんど引用しないのです。これは不自然ですよね。「だまされて地獄へ行ってもよいのだ」とまで言い切った師の文章を引用しないなんて。

おそらく親鸞は、相次ぐ法然への批判に対して、様々な文献をもって答えようとしたのでしょう。法然は決して仏教を解体した異端者ではなく、本来仏教のなかで連綿と受け継がれてきたものを主張したのだ、そう内外に示すことが『教行信証』制作の意図だと思います。

このことは、『教行信証』の書名からも類推することができます。親鸞の主著は一般に『教行信証』と略称されていますが、第1章でも見たように、正式には『顕浄土真《けんじょうどしん》実教行証文類《じつきょうぎょうしょうもんるい》』です。この書の構成は、「教巻」「行巻」「信巻」「証巻」「真仏土巻」「化身土巻」であり、親鸞は「教・行・証」の三法ではなく、「教・行・信・証」の四法にしています。しかし、表題は『教行証』なのです。なぜなのでしょうか。結論からいえば、親鸞は「教・行・証」という仏教の根本的構造に当てはめて法然思想を提示しようとしたのだと思います。法然上人の教えは仏教の根本構造をふまえたものであることの証明です。「法然の言っていることなんて、仏教じゃないよ」などと非難する人たちに対して、「いやいや、見事に仏教の本筋に沿って構築された教えである」との反論です。だから、法然の文章を引用しなかったのでしょう。法然の正しさを証明するのに、法然の文章を論拠にできませんからね。このあたり、親鸞はもともと天台宗における文献学派の学僧でもあったことがうかがい知れます（親鸞は、堂僧であると共に、学僧の面もそなえていました）。

と同時に、親鸞思想において『教行信証』の「信巻」は特別な意味を持っていることがわかります。親鸞は「教行証」という大乗仏教構造のなかにおいて、「行」と「信」を同一化し、そのため「信巻」を設定したわけです。つまり「教」・「行＝信」・「証」という構造なのです。このように行と信、すなわち念仏と信心を不離の関係で結ぶ根拠は、おのれの念仏でもなければ信心でもなく、阿弥陀仏の行であり信であるという親鸞の立場にあります。

いずれにしても、日本仏教は法然によって根底から再構築を促された、と言っても過言ではないでしょう。法然は、ただひとつに専念することで、誰もが歩める仏道を提示しました。法然の存在なしには、親鸞という宗教的巨人は誕生しませんでした。

多念義系の立場

法然は指導者・教育者としても優れた能力を持った人でした。ですから、法然のモデレイト（穏健）な側面に光をあてれば多念義傾向が浮かび上がり、法然のラディカル（急進的）な側面を強調すれば一念義へと傾斜するといえます。

多念義は、廃悪修善《はいあくしゅぜん》の姿勢を持ちます。破戒より持戒、在家より出家、悪人より善人である方がより上位の往生が可能であるとするわけです。この点、従来の仏教と共存可能です。さらに「称名《しょうみょう》重視」「実践行為重視」といった特徴を挙げることができます。生涯通じての怠ることのない数多くの念仏を主張します。称名念仏は臨終の時にいたるまで実践されるものであり、まさにその臨終時に往生が決定するということが強調されます。『浄《じょう》土《ど》法門源《ほうもんげん》流《る》章《しょう》』＊3（凝念《ぎょうねん》撰）という書物では、このような多念義の代表人物として隆寛《りゅうかん》＊4を紹介しています。

また、多念義の人たちは、一念義の人たちの破戒的傾向を諫め、批判しました。戒律においても保守的傾向があります。『浄土法門源流章』には、一念義の代表人物として幸西《こうさい》*5が挙げられています。幸西は、『玄義分抄《げんぎぶんしょう》』のなかで「一念義こそが法然浄土教の真意であるのに、その道を行く者は少ない」と述べています。隆寛も幸西も法然の高弟です。

七二ページでも述べましたが、大雑把にくくりますと、多念義系は称名念仏の実践を重視する立場であり、一念義系は信心重視の立場となります。これを行為重視型と内面重視型という分類も可能でしょう。たとえば、共通の基盤を持つ宗教でも、ユダヤ教は行為重視型であり、キリスト教は内面重視型の傾向を見て取ることができます。行為重視タイプと内面重視タイプ、宗教を類型的に見る時、こうした視点も使い勝手がよいかもしれません。

親鸞は一念義系なのか

しばしば親鸞は一念義系に位置づけられています。中村元《なかむらはじめ》*6も『日本人の思惟方法』のなかで、親鸞を一念義の「極頂」と評しています。その見解は当時からあって、親鸞は多念義系の論客から一念義的邪義だと非難されたりしました。また、法然のなみいる中心的門弟ではなく、比較的門下入りして日の浅い親鸞が流罪に処せられたのも、一念義系であると見なされたからでしょう。実際、処罰されたのはほとんどが一念義系の門弟でした。確かに、親鸞が信心に関する問題を強調したのは、多念義的立場への懐疑が根底にあったと思われます。

親鸞はこの一念と多念の問題に関して積極的に発言しています。『一念多念文意《いちねんたねんもんい》』（隆寛の『一念多念分別事《ふんべつじ》』の解釈書）という書まで著しているのです。そして、そのなかで、

「一念をひがごととおもふまじき事」「多念をひがごととおもふまじき事」（『一念多念文意』）

と述べています。「一念が間違っていると考えてもいけない。多念が間違っていると考えてもいけない」というわけです。ここでは、そもそも一念や多念といった区別などないことを論及しようとしているのです。「一念多念のあらそひをなすひとをば、異学・別解のひとと申すなり」（一念だ多念だと争っている人は、他力念仏の道を歩んでいる人ではありません。同右）とも語っています。

つまり、親鸞思想を単純に一念義系だと断ずることはできないのです。実は一念義は本覚《ほんがく》思想（人はそもそも悟っている存在だとする立場）と通じています。しかし、親

鸞は「自分のなかに真実はない」ということを生涯手放しませんでした。だからこそ、「如来よりたまはりたる信心」（『歎異抄』後序）だと語るのです。親鸞にとっての信心は、真実心であり、悟りの知恵であり、如来の慈悲そのものです。如来からたまわることがなければ、自分のなかにそんな信心は生まれてこない。「愚禿悲嘆述懐」（『正像末和讃』、五七ページ参照）には、

浄土真宗に帰《き》すれども　真実の心《しん》はありがたし　虚仮不実《こけふじつ》のわが身にて　清浄《しょうじょう》の心《しん》もさらになし。

（浄土の本当の教えに帰依しても、自分には真実の心などない。ニセモノでありウソ偽りのこの身なので、清浄な心などない）

とあります。このような厳しい内省は、一念義とは異なるところです。

法然は書簡で、一念義の人たちは、罪業を痛《いた》み、慚愧《ざんき》する心がないとの誤りを批判しています（「越中国光明房へつかはす御返事」）。このような態度は、親鸞の姿勢と相反することは明白でしょう。

悲しきかな愚禿鸞《ぐとくらん》、愛欲の広海《こうかい》に沈没《ちんもつ》し、名利《みようり》の太山《たいせん》に迷惑して、定聚《じようじゆ》の数に入《い》ることを喜ばず、真証の証《さとり》に近づくことを快《たの》しまざることを、恥《は》づべし傷《いた》むべし。

（悲しいことに愚禿・親鸞は、愛欲の広い海に沈み、名誉や利益の深い山に迷い、往生が間違いない身となったことを喜ばず、真実の悟りに近づくことを楽しいとも思わない。恥ずかしいことである、歎かわしいことである。『教行信証』）

と歎じ、深い慚愧と内省に生きた親鸞との大きな差異を見ることができます。

また親鸞の兄弟子・聖覚によれば、一念義とは「一回の念仏で事足れりとして念仏をやめる者達」（『唯信鈔』）となります。もはや一声の念仏で、往生決定すれば後の念仏など必要ないとして、念仏よりむしろ自己の信仰体制の方を問題とするのです。法然も、信心確定すれば念仏は無意味であると主張する一念義に対して、非難を繰り返しています。つまり一念義は、一念による往生決定以後の念仏を排除する方向へと進む傾向を持ったものである、ということになります。ですから、さらに「無念義」などという立場にまで至ります（無念義は、念仏を不必要とした主張であったらしいのですが、その内容については不詳です）。この点においても、

浄土真宗のならひには、念仏往生と申すなり、まつたく一念往生・多念往生と申すことなし。

（浄土の真実の教えでは、念仏往生と説かれています。一念往生や多念往生などと説かれることはまったくありません。『一念多念文意』）

と述べ、終始一貫して「念仏往生」と言い続けた親鸞とは異なります。さらに、信心決定以後の念仏についても、

往生を不定《ふじょう》におぼしめさんひとは、まづわが身の往生をおぼしめして、御念仏《おんねんぶつ》候《そうろ》ふべし。わが身の往生一定《いちじょう》とおぼしめさんひとは、仏《ぶつ》の御恩《ごおん》をおぼしめさんに、御報恩《ごほうおん》のために、御念仏こころにいれて申して、世のなか安穏なれ、仏法ひろまれとおぼしめすべしとぞ、おぼえ候ふ。

（往生が定まっていない人は、まず我が身の往生を心にかけてお念仏申してください。我が身の往生が定まった人は、仏さまの御恩を思い、報恩のためにお念仏を心から称え、世の中が安穏であるよう、仏法が広まるよう、心にかけてお念仏申してください。「御消息」）

と手紙に書いて、生涯通じて念仏する立場を明らかにしています。

もちろん、多念義の廃悪修善や専修賢善的要素は、親鸞の立脚点とは相容れないものであることは言うまでもありません。しかし、少なくとも親鸞は念仏を多い少ないといった数では捉えていないのです。親鸞の視点は、法然が提示した「平等なる救済を軸とした仏教」にあったのでしょう。法然グループは、繰り返される非難と弾圧によって、次第に一念義的な他力強調的言説を抑制していき、倫理的に問題が少ない多念義が多数派となります。そのなかで親鸞は自己の体験に基づいて、一念義にも多念義にも偏らないことの重要性を認識していたのです。

結局、法然の本義からいえば一念義も多念義もバランスを崩してしまっているのであり、「一念か、多念か」という視点自体が本質を見失っていると批判することもできるでしょう。それはあたかも「観念か実践か」「行為か内面か」という命題で迫るのと同質であり、一方に偏らないことが肝要となります。

法然門下の中心人物であった証空や隆寛や聖覚も、親鸞同様に「一念、多念ということは決して無いのだ」という内容を書き残しています。つまり法然の高弟たちは、一念多念という視点から法然浄土教を捉えることの誤りを認識していたことは確かなのです。

ただそれぞれの立脚点はやはり微妙な違いがあり、幸西や証空のように他力救済の強調へと重心が寄ってゆくものもあれば、行空のように極端な一念義を説いたといわれる人物もいます。あるいは聖覚や親鸞のように純粋他力型を志向しながら、絶妙のバランスによって一念義の範疇《はんちゅう》に入らないものもいるわけです。弁長のように全面的な他力を否定し仏道としての念仏を主張するものもあれば、隆寛のように称名強調にウェートをおきながら一多不離相即《ふりそうそく》というやはり見事なバランス感覚を持った人物もいたのです。

ちなみに、隆寛と聖覚は親鸞が心から尊敬した兄弟子です。

真の念仏と仮の念仏

問ていはく、一声の念仏と、十声の念仏と、功徳の勝劣はいかむ。

答ていはく、たゞおなじ事也。

（お尋ねします。一声の念仏と、十声の念仏と、どちらの功徳が優れているのでしょう？

お答えします。同じです。　法然述『念仏往生要義抄』）

問ていはく、最後の念仏と、平生の念仏と、いづれかすぐれたるや。
答ていはく、たゞおなじ事也。
（お尋ねします。臨終で称える念仏と、平生に称える念仏とでは、どちらが優れているのですか？　お答えします。同じです。同右）

法然は、念仏に関する問いに対して、明確に答えています。法然は称名念仏を軸として、自らの思想体系を構築しました。

一方、親鸞は「唯以信心」という言葉に代表されるように、内面を重視した思想を展開した人物であることは間違いありません。そのため、「法然は念仏重視、親鸞は信心重視」と評する人は少なくありません。

親鸞は念仏を「仮なる念仏」と「真なる念仏」とに分類しています。まず「仮なる念仏」には二種あって、「仮門《けもん》の念仏」と「真門《しんもん》の念仏」となります。「仮門の念仏」とは、称名念仏ただ一つという態度が成立していない念仏です。つまり念仏一つに我が身をまかせきれていない雑修の念仏です。「真門の念仏」とは、念仏を選び取ってはいるが、その念仏が自己の善根となってしまっているものを指します。つまり親鸞は、自己自身がなんら問われることなく、あたかも自分の善根であると思っている念仏を「仮なる念仏」としたのです。親鸞は「称」を「はかるといふこころなり」と捉えています。つまり称えれば称えるほどおのれがハカラレていく、というわけです。親鸞においても称名の実践とともに自己が問われてゆく構造を見ることができます。それが「真なる念仏＝弘願の念仏」です。親鸞にとって、念仏という行為は易行であっても、それを真に成立させる信心とは困難至極なのです。ゆえに親鸞は信心を「難信」と表現しています。その難信を、罪悪具足の凡夫が決定する（＝真の念仏）という体験は、「本願力回向の信心なり」あるいは「如来よりたまはりたる信心」としか表現しえないものなのです。絶対地獄へ行く身が、絶対救われる身である、この相反する事態が同時成立する世界が親鸞の信心です。

親鸞特有の仏典解読

さらに親鸞の特性を見ていきましょう。

八〇ページに、善導の「不得外現賢善精進之相内懐虚仮」という文章を、親鸞は「外に賢善精進の相を現すことを得ざれ、内に虚仮を懐ければなり」と読んだことを書きました。本来は「外に賢善精進の相を現し、内に虚仮を懐くことを得ざれ」と読むべき一文です。親鸞の読み方に沿って、『歎異抄』「第十三条」は語られています。

親鸞は何度も経論を恣意的《しいてき》に改読しています。自らの信心を通して読むために、一般的な読み方とは異なるところがあるのです。そしてそれは基本的に、「阿弥陀仏の他力」として解釈する場合と、「自己内省」あるいは「人間観」によって改読される場合、自分の思想体系に基づく改読の場合とに大別できます。いくつかその例をご紹介しましょう。

①阿弥陀仏の他力性・超越性を強調

たとえば、曇鸞の『浄土論註』に「回向《えこう》を首として大悲心《だいひしん》を成就することを得るがゆえに」（回向によって、大悲心の完成を達成することができる）とあるのを、親鸞は「回向を首として大悲心を成就することを得たまへるがゆえに」（回向によって、大悲心の完成を達成なされたのである。『教行信証』）と読み換えています。あるいは、善導の『往生礼讃』には「弟子を摂受《しょうじゅ》したまへ」（弟子を導き救っていく）とありますが、これを「弟子を摂受したまへり」（弟子を導き救っていってくださる。『教行信証』）と改読しています。

いずれも、主語が「私」ではなく、「仏」になっていることがわかります。このように「成就」「慈悲」「回向」「救い」といった要素を、すべて仏の側に措定するのです。ここには、徹底して自己の奥底を見つめ続ける親鸞の立脚点が現れています。

②自己の有限性・罪業性を強調

龍樹の『十住毘婆沙論《じゅうじゅうびばしゃろん》』＊7に「一分の毛をもつて大海の水の二三渧《てき》のごときを分ち取るがごとし。苦のすでに滅するは大海の水のごとし。余のいまだ滅せざるものは二三渧のごとくなれば心大いに歓喜す」（一本の毛で大海の水を二・三滴分けるのと同じである。苦悩が滅した領域は大海の水のようであり、未だに残っている苦悩は二・三滴の水のようなものなので、大いなる喜びがある）とあります。これを親鸞は、「一分の毛をもつて大海の水を分かち取るがごときは、二三渧の苦すでに滅せんがごとし。大海の水は余のいまだ滅せざるもののごとし。二三渧のごとき心大きに歓喜せん」（滅することができた苦悩は、一本の毛で大海からとった二・三滴の水のようなものである。苦悩は大海の水のように滅することができない。それでもなお、二・三滴の心ではあるが、喜びなのである。『教行信証』）と読んでいます。まるで逆ですよね。このあたりに親鸞の恐ろしさを感じます。

善導の『観経四帖疏《かんぎょうしじょうしょ》』（『観経疏』）にある「道俗時衆等、おのおの無上の心を発せ。

生死はなはだ厭《いと》ひがたく、仏法また欣《ねが》ひがたし」（僧侶も俗人も、それぞれに悟りを求める心を起こせ。そうでなければ、迷いの世界を厭うことは難しく、仏法を求めることも難しいのだ）との一文を、「道俗時衆等、おのおの無上の心を発せども、生死はなはだ厭ひがたく、仏法また欣ひがたし」（僧侶も俗人も、たとえそれぞれに悟りを求める心は起こしても、迷いの世界を厭うことは難しく、仏法を求めることも難しいのだ。『教行信証』）と読んでいます。実は善導は自分自身の言葉を一言一句読み換えてはならないと警告しており、そのことを親鸞はよく知っているのです。そのことを百も承知でありながら、「私にはこのようにしか読めない」と歎ずるかのように読み換える。それが親鸞という人なのです。

③思想・宗教観による意味変換

また善導は〝南無阿弥陀仏〟の六字を、「南無と言うは即ち是れ帰命なり、また是れ発願《ほつがん》回向《えこう》の義なり。阿弥陀仏と言うは、即ち是れ其の行なり」（南無阿弥陀仏の〝南無〟とは、帰命・帰依のことである。また、往生を願って、心を浄土へとふり向けていくことである。〝阿弥陀仏〟とは、その行である。『観経四帖疏』）と解釈しています。これを親鸞はとても大胆に解釈するのです。「帰命は本願招喚の勅命なり。発願回向と言うは、如来已《すで》に発願して衆生の行を回施したまふの心なり。即是其行と言うは、即ち選択本願是なり」（善導大師が〝帰命〟と言ったのは阿弥陀仏の本願からの呼び声であり、〝発願回向〟とは阿弥陀仏がすでに願いを起こされて我々に念仏をさし向けてくださった心であり、〝即是其行〟とは阿弥陀仏が選んで立てた本願のことである。『教行信証』）としています。ことごとく主語を阿弥陀仏にしているのです。私が称える念仏じゃなく、仏の呼び声である。それが他力念仏なのです。

また、大乗仏教の中心理念である「自利利他」（自分自身の利益と、他者の利益とがひとつ）を、「自利真実（自力の道）」と「他利真実（他力の道）」の二つに分ける思想も展開しています（『愚禿鈔』）。

このような特有の仏典の読み方から、親鸞という人の仏道を歩む姿勢がうかがえます。

「信一念」について

親鸞は『教行信証』のなかで、「行に一念があり、信に一念がある」と述べています。「行一念」とは、一声の称名念仏という意味であり、その一声一声が生涯にわたって続けられるのです。また、最初の一声の念仏の意もあり、南無阿弥陀仏の名号が心に届き信心となり、口から出て称名となったのが行一念です。すでに見たように、これは「一回の念仏でいいのだ」という話ではありません。

そして、「信一念」の方ですが、この場合の一念とは「一瞬」といった意と、「ただ一つ」といった意になります。

「一念とは、これ信楽《しんぎょう》開発《かほつ》の時剋《じこく》の極促《ごくそく》を顕す」（一念とは、信心が定まったその瞬間を顕す。『教行信証』）とあります。また、「一念といふは、信心二心なきがゆゑに一念といふ」（一念とは、ふた心のない信心のことで、だからこそ一念と言う。『教行信証』）としています。

こうして見るとよくわかりますが、親鸞は常に念仏と信心をひとつの事態の表裏として捉えていたのでしょう。双方をいつも対にして語っています。

ですから、巷間言われる「法然は念仏往生で、親鸞は信心往生」という比較は正確ではないと言えます。親鸞は一貫して念仏往生に立脚しており、信心往生とは一度も述べていません。ただ親鸞はその念仏を厳しく問うのです。「おのれの念仏は本物であるのか」、そう問い続けます。思想の構造自体は法然によって既に完成されているのですが、親鸞の場合は安直に「救済」が成立しないのです。ひたすら仏に背き続ける自己であることを、繰り返し表白します。親鸞は「摂取（阿弥陀仏が救済すること）」の「摂」における左訓に「モノノニグルヲオワエトルナリ」（『浄土和讃』）としています。まさに仏から逃げ続けている存在、それがこの私・親鸞なのだ、と告白しているのです。

親鸞は手紙のなかで、

信の一念・行の一念ふたつなれども、信をはなれたる行もなし、行の一念をはなれたる信の一念もなし。

（信の一念と行の一念との二つがあるのだが、信を離れた行もなく、行の一念を離れた信の一念もないのです。「御消息」）

と書いています。

浄土も通過点

それにしても、法然はまさに仏教の構造を解体－再構築した人ですね。日本仏教の方向性を大きく変えた人物といってもよいでしょう。

「私が修行して悟りを開き、仏と成る」のが仏教の本道です。いわば、〝私→仏〟というベクトルです。ところが、法然は「仏が私を救う」という仏教をメインラインに据えたのです。〝仏→私〟です。構造がひっくり返っています。それまでそういう仏法がなかったわけではありません。仏におまかせして救われるといった信仰は、仏教のなかに内包されていました。ただ、それはあくまで脇役の道筋だったのですが、法然はここを主役に再構築します。「誰もが歩める仏道」というのがその論拠となりました。その教えに導かれて生きた親鸞は、「仏に背き続ける自分」を吐露します。法然が〝仏→私〟であるなら、親鸞は〝仏→私→〟といった構図です。

また、法然以前の阿弥陀仏信仰は「臨終の際、お迎えに来てくれる仏」という性格の強いものでした。おそらく阿弥陀仏信仰がこれほど日本で浸透していったのも、お迎え（来迎）の仏であることが大きかったと思われます。阿弥陀仏は越境してくる仏なのです。阿弥陀仏を信仰すれば、独りで死ぬことはない。間違いなく行き先まで連れて行ってくれる。ここはとても重要なポイントだったに違いありません。そのような素朴で民間信仰的なものが融合していた浄土教を、法然はひとつの仏道として成立させるのです。ですから、法然は臨終の来迎を重視しませんでした。さらにその弟子の親鸞は「現生正定聚（現在において浄土へ往生する身と定まる）」という思想を打ち立てます。すなわち、臨終来迎を期待するのではなく、今・私が・ここで歩む道としての浄土仏教です。親鸞は、「来迎《らいこう》は諸行往生にあり、自力の行者なるがゆゑに。（中略）真実信心の行人《ぎょうにん》は、摂取不捨《せっしゅふしゃ》のゆゑに正定聚《しょうじょうじゅ》の位《くらい》に住《じゅう》す。このゆゑに臨終まつことなし、来迎たのむことなし」（来迎は自力による往生の道である。他力信心の念仏者は、阿弥陀仏による必ず救うという誓願によって、すでに現在において浄土往生が定まる。だから、臨終を待つこともなく、来迎を期待することもない。「御消息」）と述べています。

　そして、さらに親鸞は浄土へ往く（往相《おうそう》回向）のみならず、浄土から還ってくる（還相《かんそう》回向）を説いています。親鸞の仏道は、浄土へ往生するだけでは完結しません。またこの世界へと還ってきて、生きとし生ける存在を救うというのです。すなわち浄土往生も通過点なのです。還相回向について、親鸞は主著である『教行証文類』の「化巻」で述べています。私を浄土へと往生せしむる阿弥陀仏のはたらきを「往相回向」、浄土で仏と成って今度はすべてを救うためにこの世界へと還ってくる阿弥陀仏のはたらきを「還相回向」としています。往相も還相も阿弥陀仏のはたらき（他力）によるのです。

　このことは、『歎異抄』の「第四条」や「第五条」からも読み取れます。第四条では、「この世界においては、どれほど愛おしい、不憫である、と思っても、思い通りに救うことはできない。だから、聖道門の慈悲は完璧ではない。ゆえに、他力念仏の道を歩むことこそ、完遂していく大慈悲心なのである」と説かれています。また、第五条では、「いそいで浄土で仏と成って、まずは縁のある存在から救っていくべきである（まづ有縁を度すべきなり）」とあります。なんのために浄土へと往くのか。仏と成って還って来るためである。そうでなければ道は完成しない。私の道はそこまで続くのです。

仏道としての浄土往生が成熟すればこの形態になると思われます。浄土仏教は法然・親鸞によってひとつの完成形へと到達するのです。

＊1　勢至菩薩

大勢至菩薩。マハースターマプラープタ。大精進や得大勢ともいわれる、阿弥陀三尊の一つで、阿弥陀仏の右の脇侍（向かって左）の菩薩。智慧の光で一切を照らし、衆生に菩薩心の種を与えて救い、臨終には来迎して極楽に引導するとされる。

＊2　恵信尼

一一八二～一二六八頃。親鸞の妻。父は越後介であった三善為教とされる。親鸞が越後に流罪となった頃に結婚したといわれる。小黒女房・善鸞・明信・益方・高野禅尼・覚信尼の母。晩年に覚信尼に宛てた手紙が「恵信尼消息」として貴重な史料となっている。

＊3　『浄土法門源流章』

鎌倉時代の東大寺戒壇院の僧で、華厳教学の大家として知られた凝然（一二四〇～一三二一）が、一三一一年に著した、日本で最も古い浄土教の概説書の一つ。全一巻。インド・中国・日本の三国にわたる浄土教の相承や法然門下の諸流派について解説している。

＊4　隆寛

一一四八～一二二七。平安後期‐鎌倉時代の僧。少納言藤原資隆の子で、はじめは比叡山で慈円などについて天台を学ぶが、後に法然の弟子となった。『一念多念分別事』は、法然の生前からあった一念・多念の諍論に対して、どちらかに偏執したりしてはならないと、経釈の要文を引証して教え諭した著作。

＊5　幸西

一一六三～一二四七。鎌倉時代の僧。はじめは比叡山で学ぶが、後に法然の弟子となる。「一念義」を主張する中心人物で、そのため、法然らとともに流罪となる。『歎異抄』末尾に添付された流罪記録には幸西成覚房と記されている。『玄義分抄』は、一念義を説く幸西の残存する数少ない著作。

＊6　中村元

一九一二～九九。インド哲学者・仏教学者。島根県出身。東洋思想の研究機関である東方研究会（現・中村元東方研究所）を母体に、東方学院を創立した。漢訳中心だった仏教研究をインドの古代思想にまで遡り、原始仏典を現代語に翻訳した。『日本人の思惟方法』は、「日本人とは何か」という命題に迫り、数多の古典や仏典、風俗・習慣、諸外国の類似現象をふまえた論考集。

＊7　『十住毘婆沙論』

大乗仏教中観派の祖・龍樹による、『十地経』（初期大乗仏教経典の一つで後に『華厳経』に編入）への註釈書。全十七巻。誰もが実践可能な「易行」で、多くの迷える衆生を導くための、慈悲の心を説く。多くの浄土思想家たちに影響を与え、法然・親鸞がその教学の根拠においた。

読書案内

『歎異抄』という書名は知っていても、実際に通読したことがある人は多くはないでしょう。また、通読してみても（分量が少ないので、すぐに読めます）、「なぜこの書がそんなに重要視されるのか、さっぱりわからない」という人も多いのではないでしょうか。

第1章でも述べましたが、作家の高史明もそのひとりだったそうです。それまで何度か『歎異抄』を読む機会があったにもかかわらず、まったく胸に響くところがない。むしろつまらない書だと感じていたとのことです。しかし、愛する我が子の自死という限界状況において、自分自身というものが徹底的にへし折られたとき、『歎異抄』の言葉が浮上してきたと告白しています。高のこの体験は、『歎異抄』とはどのような書であるかを端的に表しているのではないでしょうか。この点は本文でも〝絶体絶命のときに浮き上がる言葉〟と表現しています（「はじめに」参照）。

現代人の「自分中心」的態度と、『歎異抄』という書物とは、がっぷり四つに組み合っているところがあります。そんなわけで、『歎異抄』はそのときによくわからなくても、繰り返し読んで身体化していくタイプの書物だと思います。

とはいえ、ある程度の手引きがなければ読み進めるのは難しいことも確かです。本書はそういう皆さんへの一助となるように書きました。また本章末には、『歎異抄』を読み進めるためのあと押しとなりそうな書籍を挙げています。『歎異抄』の関連本は数多く、よく知られた先哲の名著もあるのですが、「現在でも比較的手に取りやすく」「平易なもの」をピックアップしています。

ここからは、それらの関連本を読み解くためのヒントを短く述べておきたいと思います。

◉親鸞の声を聞く

たとえば、仏教学者の鈴木大拙は『日本的霊性』で、「浄土真宗の学者たちは、『教行信証』に親鸞の真骨頂があると見るが、彼の霊性の本領が表現されているのは『歎異抄』や書簡類である」といった内容を述べています。大拙にしてみれば、『教行信証』

は研究書であり、学僧としての親鸞の側面しか見えないと感じたのでしょう。

また、『歎異抄』に注目した人物のひとりである吉本隆明は次のように述べています。「親鸞の発した声で、現在文字に残されているのは、唯円というお弟子さんが書きとめた『歎異抄』が唯一のものです」(『吉本隆明が語る親鸞』東京糸井重里事務所)

吉本は「声」というところに注目しています。いわば息吹と言いますか、鼓動と言いますか、身体性をともなったリアルな語りのことですね。『歎異抄』は、親鸞の「声」が聞こえる書だというわけです。

確かに親鸞は、自分自身についてほとんど書き残していません。ですから、今でも親鸞の生涯には不明の点が数多くあります。今日知られている親鸞の生涯には、かなり伝承が混入されています。だからこそ、『歎異抄』に書き残された親鸞の「声」はとても貴重です。

また、吉本は「『歎異抄』を読むと、親鸞という人は、実際にはかなりあぶないことを言う人だったことがわかる」などと述べています(前掲書)。これは「第二条」や「第九条」や「第十三条」を指してのことでしょう。かなりきわどい対話が展開されています。このあたりは本文でご確認ください。

◉二種深信について

『歎異抄』を読む際に、ひとつ手がかりとなる親鸞思想の肝要をご紹介しましょう。それは「二種深信」です。

「二種深信」とは、善導（親鸞の師である法然が依拠した中国の僧）が著作のなかで明らかにした解釈です。善導は『観無量寿経』という経典に述べられている「深心」を二種に分けて解釈しました。すなわち、「深心」を〝深く信ずるの心〟とし、それには二種類あると言うのです。

(1)「一には決定して深く、自身は現に是れ罪悪生死の凡夫、曠劫《こうごう》より已来《いらい》、常に没《もつ》し常に流転して、出離の縁有ること無しと信ず」（「散善義」『観経疏』）

(2)「二には決定して深く、彼《か》の阿弥陀仏の四十八願は、衆生を摂受《しょうじゅ》して、疑い無く慮《おもんぱかり》無く、彼の願力に乗じて、定《さだ》んで往生を得《う》と信ず」（同右）

このように述べています。要約しますと、(1)は「自分は永きにわたって重い罪を抱えた存在であるから、決して苦悩の世界から離れることができない者だと深く信じる」という内容になっています。また、(2)は「阿弥陀仏の誓いと願いは間違いなく苦悩の存在を救うのであるから、私は必ず往生できると深く信じる」といったことです。

親鸞の語る信心のエッセンスがここにあります。

論理的に考えれば、⑴と⑵は相反します。一方では「決して救われない」と述べ、他方で「間違いなく救われる」と言うのですから。これは、多くの場合、まず⑴の深い自覚があって、そんな私が救われるのだという⑵が成立すると説明されてきました。また、⑴は〝私の側の論理〟で、⑵は〝仏の側の論理〟だと理解することも可能です。

でも、親鸞のなかでは⑴と⑵とが同時成立していたのではないでしょうか。⑴は、まさに「地獄は一定すみかぞかし」（『歎異抄』第二条）ということです。そして、⑵は「いよいよ往生は一定とおもひたまふなり」（同第九条）です。矛盾している二つの事態が、親鸞のなかでは拮抗し、交錯しながら、同時成立しているわけです。まるで光と影との緊張関係のように（ちなみに、⑴を「機の深信」、⑵を「法の深信」と呼びます）。

そして、そんな私のためにこそ、念仏の教えはある（「弥陀の五劫思惟の願をよくよく案ずれば、ひとへに親鸞一人がためなりけり」同後序）と言い切る親鸞。このあたりを少し念頭において、本書をお読みください。

そして、読みやすい『歎異抄』の関連本のごく一部を、以下に紹介します。参考にしてください。

五来重『鑑賞　歎異抄』東方出版、一九九一年
梯實圓『聖典セミナー　歎異抄』本願寺出版社、一九九四年
岡橋徹栄 作／広中建次 画『漫画　歎異抄』本願寺出版社、二〇〇三年
金子大榮『歎異抄』法藏館、二〇〇三年
高史明『現代によみがえる歎異抄』ＮＨＫライブラリー、二〇〇三年
阿満利麿『無宗教からの『歎異抄』読解』ちくま新書、二〇〇五年
釈徹宗『図解でやさしくわかる　親鸞の教えと歎異抄』ナツメ社、二〇一二年

他にも文庫や新書で読める『歎異抄』の原文や解説は少なくありません。書店や図書館などにも複数並んでいることでしょう。手に取って、ページを開いてみてください。

あとがき

いかがでしたでしょうか。『歎異抄』に興味を持っていただけたなら、ぜひ直接、原典をお読みください。

さて、二七ページに「第二条はそんな親鸞の厳しい一面を読み取ることができます。（中略）遺された手紙などを読むと、仲間と一緒に泣くような面があったこともわかります」と書きました。これについて、もう少しお話ししておきましょう。

「第二条」には、はるばる関東から訪ねて来た人々に対して、「私には、念仏して往生させていただくという法然上人の教え以外、なにもありません」と言い放ち、「このうへは、念仏をとりて信じたてまつらんとも、またすてんとも、面々《めんめん》の御《おん》はからひなり（念仏を信じようとも、捨てようとも、皆さんがそれぞれに決めてください）」と断じる親鸞の姿を見ることができます。

関東から京に住む親鸞を訪ねるのは、本当に命がけだったようです。常陸《ひたち》の入信房《にゅうしんぼう》という人は、京からの帰りに尾張で往生しています。有名な顕智《けんち》（真宗高田派の第三代）は京へ来る途中で船が転覆しそうになって、あわやという目に遭います。そして、次の手紙に出てくる覚信房《かくしんぼう》も、京へ向かう途中で病気となり、京で息を引き取るのです。その手紙を読んでみましょう。

そもそも覚信坊の事、ことにあはれにおぼへ、また、たふとくもおぼへ候ふ。（中略）のぼり候ひしに、くにをたちて、ひといちと申ししとき、病みいだして候ひしかども、同行《どうぎょう》たちは帰れなんど申し候ひしかども、「死するほどのことならば、帰るとも死し、とどまるとも死し候はんず。また病《やまい》はやみ候はば、帰るともやみ、とどまるともやみ候はんず。おなじくは、みもとにてこそをはり候はば、をはり候はめとぞんじてまゐりて候也」と、御ものがたり候ひしなり。この御信心《ごしんじん》まことにめでたくおぼえ候ふ。（中略）このあはれさたふとさ、申しつくしがたく候へば、とどめ候ひぬ。いかにしてか、みづからこのことを申し候ふべきや。くはしくはなほほ申し候ふべく候ふ。この文《ふみ》のやうを、御まへにてあしくもや候ふとて、よみあげて候へば、「これにすぐべくも候はず、めでたく候ふ」と仰《おお》せをかぶりて候ふなり。ことに覚信坊のところに、御涙《おんなみだ》をながさせたまひて候ふなり。よにあはれにおもはせたまひて候也。

十月二十九日　　蓮位

慶信御坊へ

（それにしても覚信房（坊）のことは特に心がうたれました。また尊くも思っております。（中略）上京の際、田舎を発って「ひといち」（現在の埼玉県吉川市あたり）というところで病気になられた。同行たちは帰った方がよいなどと申したが、「死ぬほどの病気ならば帰っても死ぬだろう。とどまっていても死ぬ。また病であれば帰っても病だし、とどまっていても病だ。同じことなら親鸞聖人のみもとで死ぬなら、そうありたいと思って参りました」とお話しされた。この御信心はまことに立派です。（中略）この切なさ、尊さは言葉では言い尽くされないので、筆をおきます。どのようにすれば私の気持ちをお伝えすることができましょうか。くわしくは追って申し上げます。この手紙の内容を親鸞聖人の前で、これでよろしいでしょうかと読み上げたところ、「これ以上のことは書けないだろう。結構です」と仰せになられました。特に覚信房（坊）のところでは、涙を流されました。本当に哀惜の情にうたれておられました。十月二十九日　蓮位より慶信房（坊）さんへ）

親鸞の消息（手紙）は四十三通現存しています。これは八十五歳のときのものです。

慶信房からの手紙に対する返信となっています（親鸞自ら慶信房の手紙の字の間違いや解釈の間違いを添削して、添付しています）。しかし、この時、親鸞は体調が悪く、蓮位房が代筆しているわけです。実は、慶信房とは、京で往った覚信房の息子で、手紙には父・覚信房の最後の様子が克明に記されています。

蓮位は代筆した手紙を、親鸞に「これでよろしいでしょうか？」と見せます。親鸞はその手紙を読み、覚信房の箇所では涙を流したというのです。この手紙は、ぜひ『歎異抄』「第二条」と合わせて読んでいただきたいと思います。仏道については、まさに金剛心のような親鸞。そして、同行（同じ道を歩む仲間）の往生を思い出し、父と子との情愛に思いをはせ、涙を流す親鸞。この振幅が、親鸞という人物の魅力であったに違いありません。

『歎異抄』には、「さるべき業縁《ごうえん》のもよほさば、いかなるふるまひもすべし」（第十三条）など、私たちの実相をあばくような言葉もあれば、「つくべき縁《えん》あればともなひ、はなるべき縁あればはなるる」（第六条）などと、私たちの抱える苦悩に応答するような語りもあります。自分自身の宗教性を深く掘り下げていく際に、きっと道しるべとなってくれることでしょう。

本書は、「NHK100分de名著」において、2016年4月および2017年10月に放送された「歎異抄」のテキストを底本として一部加筆・修正し、新たにブックス特別章「さらに深く親鸞思想を知る」や読書案内を収載したものです。

装丁・本文デザイン／菊地信義
編集協力／江南亜美子、福田光一
図版作成／小林惑名
撮影（「善信聖人親鸞伝絵」）／丸山 光
エンドマークデザイン／佐藤勝則
本文組版／㈱ノムラ
協力／ NHKエデュケーショナル

p.1　「親鸞聖人影像」（「安城御影」副本、西本願寺蔵）
p.15　蓮如による『歎異抄』、現存最古の写本「序」（蓮如本、西本願寺蔵）
p.45　法然と親鸞の出会い、「善信聖人親鸞伝絵」（坂東報恩寺蔵）
p.67　常陸国で教えを説く、「善信聖人親鸞伝絵」（坂東報恩寺蔵）
p.97　親鸞自筆の六字名号（西本願寺蔵）

釈 徹宗（しゃく・てっしゅう）

1961年大阪府生まれ。如来寺住職。相愛大学学長。大阪府立大学大学院博士課程修了。専門は宗教思想。NPO法人リライフ代表も務める。『落語に花咲く仏教 宗教と芸能は共振する』（朝日選書）で第5回河合隼雄学芸賞を受賞。他の著書に『法然親鸞一遍』（新潮新書）、『いきなりはじめる仏教生活』（新潮文庫）、『仏教入門 親鸞の「迷い」』（梅原猛氏との共著、新潮社とんぼの本）、『日本霊性論』（内田樹氏との共著、NHK出版新書）、『維摩経 空と慈悲の物語』（NHK出版「100分de名著」ブックス）、『「観無量寿経」をひらく』（NHK宗教の時間）、『お経で読む仏教』（NHK出版 学びのきほん）など多数。

NHK「100分 de 名著」ブックス
歎異抄 ～仏にわが身をゆだねよ

2019年 5 月25日 第1刷発行
2024年 6 月15日 第9刷発行

著者―――――釈 徹宗
発行者―――松本浩司
発行所―――NHK出版
〒150-0042 東京都渋谷区宇田川町10-3
電話 0570-009-321（問い合わせ） 0570-000-321（注文）
ホームページ https://www.nhk-book.co.jp
印刷・製本―広済堂ネクスト

Printed in Japan ISBN978-4-14-081777-3 C0015

NHK「100分de名著」ブックス